职业院校汽车专业任务驱动教学法创新教材

汽车车身涂装教程

主　编：韦邦令　包　丹　石永亮

副主编：刘　晶　潘驿飞　殷维清

参　编：赖辉炎　梁建胜　杨秀志　陈佳元

　　　　崔　阳　余永龙　王　媛　苏琼香

　　　　李志寿　罗彪珂　周　艺　陈文哲

主　审：李云杰

电子工业出版社

Publishing House of Electronics Industry

北京·BEIJING

内 容 简 介

本书以"项目导向、任务驱动"的教学理念进行设计编排，共设计了 6 个项目、18 个任务，主要项目内容有汽车涂装基础的认识、损伤区处理、中涂底漆喷涂及打磨、调色、面漆喷涂、漆面缺陷处理与抛光。教学内容相互关联、相对独立，以"必需、够用"为原则，突出职业能力培养。同时，本书配有电子课件、操作视频等教学资源，便于教学，提升学习效果。

本书可作为职业院校汽车相关专业学生的学习用书，也可作为国家职业技能标准汽车行业评价规范的培训教材。

图书在版编目（CIP）数据

汽车车身涂装教程 / 韦邦令，包丹，石永亮主编.

北京 ：电子工业出版社，2024. 7. -- ISBN 978-7-121
-48417-9

Ⅰ. U472.44

中国国家版本馆 CIP 数据核字第 2024PG7469 号

责任编辑：张镨丹
印　　刷：三河市华成印务有限公司
装　　订：三河市华成印务有限公司
出版发行：电子工业出版社
　　　　　北京市海淀区万寿路 173 信箱　　　邮编：100036
开　　本：880×1230　　1/16　　印张：12.75　　字数：271 千字
版　　次：2024 年 7 月第 1 版
印　　次：2024 年 7 月第 1 次印刷
定　　价：39.00 元

凡所购买电子工业出版社图书有缺损问题，请向购买书店调换。若书店售缺，请与本社发行部联系，联系及邮购电话：（010）88254888，88258888。

质量投诉请发邮件至zlts@phei.com.cn，盗版侵权举报请发邮件至dbqq@phei.com.cn。

本书咨询联系方式：（010）88254549，zhangpd@phei.com.cn。

前言

党的二十大报告指出，"我们要坚持教育优先发展、科技自立自强、人才引领驱动，加快建设教育强国、科技强国、人才强国，坚持为党育人、为国育才，全面提高人才自主培养质量，着力造就拔尖创新人才，聚天下英才而用之。"根据《中华人民共和国劳动法》有关规定，为了进一步完善职业标准体系，为职业教育、职业培训和职业水平评价等活动提供科学、规范的依据，人力资源和社会保障部联合交通运输部共同组织制定了《汽车维修工国家职业技能标准（2018 年版）》。本书根据该标准中的汽车车身涂装修复工的相关内容和要求编写而成。

随着汽车行业的蓬勃发展，车身涂装已经成为中国汽车生产和车身修复售后服务行业中最重要的业务之一，数量非常可观。随着国内私家车保有量的逐年递增，人们对汽车外形的审美也越来越在意，这也就意味着市场对汽车车身涂装岗位的需求量逐步增多，尤其是在一二线城市，对车身涂装岗位人才的需求一直居高不下。培养车身涂装紧缺人才，是职业院校和企业的共同责任。

本书的编写本着加强基础理论学习、提高专业能力培养、拓展知识面和少而精的原则，努力做到通用性、实用性、先进性相统一；以学生为中心，教师为组织者、引导者。针对职业教育教学需求，将实训内容通过技能实训环节直接设计在任务当中，有条件的院校可用实训工具和设备开展实操训练，让学生更好地掌握专业技能。

本书主要具有以下特点：学做结合，形式与结构新颖；任务典型，过程完整，安全与质量并重；理论适用，技能突出，步骤与方法明确；图文并茂，通俗易懂，授课与自学容易等。本书以项目为导向，任务为载体，体现能力本位，突出基本操作技能，完成从传统教材到新形态一体化教材的蜕变。本书定位于培养符合企业需求的技能人才，内容突出职业性、专业性和技能性，根据技能等级证要求，对学生进行技能训练。

本书由韦邦令、包丹、石永亮担任主编，刘晶、潘驿飞、殷维清担任副主编。具体编写分工如下：项目 1 的任务 1 由苏琼香编写；任务 2 由陈文哲编写；项目 2 的任务 1 由潘驿飞编写，任务 2～4 由包丹、罗彪珂、石永亮编写；项目 3 的任务 1 由赖辉炎编写，任务 2 由殷维清编写，任务 3 由刘晶编写，任务 4 由崔阳编写；项目 4 的任务 1 由韦邦令编写，任务 2 由余永龙编写；项目 5 的任务 1 由李志寿编写，任务 2 由陈佳元编写，任务 3 由梁建胜编写，任务 4 由周艺编写；项目 6 的任务 1 由王嫒编写，任务 2 由杨秀志编写。全书由李云杰主审。

为了方便教师教学，本书还配有教学指南、电子教案及习题答案（电子版），请有此需要的教师登录华信教育资源网免费注册后下载。若有问题，请在网站留言板留言或与电子工业出版社联系。

本书在编写过程中参阅了大量文献，引用了同类书刊中的部分资料，在此，谨向有关作者表示衷心的感谢！限于编者水平，书中难免存在不足与疏漏之处，恳望专家、读者批评指正。

编　者

CONTENTS

汽车车身涂装教程

项目 1

汽车涂装基础的认识

📖 项目描述

汽车是现代化的交通工具之一，其外观的 90% 以上是涂装面，涂层外观、鲜映性、光泽、颜色等的优劣是人们对汽车质量的直观评价，直接影响汽车的竞争力。另外，涂装也是提高汽车耐腐蚀性能和延长汽车使用寿命的主要措施之一。因此汽车制造行业越来越重视涂装，尤其是汽车车身的涂装。涂装已成为汽车制造过程中的最主要工艺之一。按照涂装对象的不同，汽车涂装可分为新车涂装和修补涂装。

本项目设计了 2 个任务，分别为汽车涂装工艺的认识、职业健康与安全防护。通过本项目的学习，学生可以熟悉汽车涂装行业的发展状况，了解汽车涂装行业的生产流程，掌握汽车涂装工艺及安全防护的知识，学习并交流相关专业知识和技能方法，做到熟练掌握，灵活运用。

❓ 思考与成长

"三百六十行，行行出状元"。今天，我国已进入高质量发展阶段，这既对广大劳动者提出了更高的要求，又为每个人提供了难得的人生舞台。无论身处什么岗位，只要大力传承弘扬工匠精神，就能在劳动中体现价值、展现风采、感受快乐。

任务 1 汽车涂装工艺的认识

知识目标

1. 了解新车涂装工艺流程。
2. 了解修补涂装工艺流程。
3. 了解新车涂装与修补涂装的差异。

案 例

一辆汽车右前翼子板漆面受到轻微的损伤，无须钣金修复，按照维修的作业流程，需要进行面漆喷涂作业。根据质量要求，需要经过去除旧漆及制作羽状边、原子灰刮涂与打磨、中涂底漆喷涂、面漆前处理、面漆喷涂操作才能恢复，现要求对该汽车受损的板件进行涂装修复。请你先学习汽车涂装工艺的认识，了解新车涂装与修补涂装工艺流程，然后根据工艺流程进行规范的修补。

相关知识

一、汽车涂装行业的概况

汽车涂装是指对汽车车身表面、内部、底盘等部位使用涂料进行涂装，以实现美观、保护、标识的作用。汽车涂装通常有两类：一类是在汽车生产企业（如汽车制造厂和汽车零部件生产厂）进行的涂装，根据汽车车身或零部件的材料选取相应的漆料进行涂装（如金属件选用高温漆、塑料件选用低温漆）；另一类是在汽车维修企业（如4S店、维修站和修理厂等）进行的涂装，针对发生事故或漆面受损的汽车车身某部分或车身零部件，或者是需要重新喷涂的车身，按材料选取相应的涂料和方法进行涂装（如对于钢板、铝合金板、塑料板，应选取相应的涂料和方法进行涂装，而这些方法不能在这几种材料之间通用）。

汽车生产企业基本上都是采用机器人喷涂的，只有在漆膜表面有缺陷或受损时，才会由涂装维修技师人工修复。而汽车维修企业所维修的事故车或受损车，受损位置不同，受损情况千差万别，修复用材料各不相同，面对的汽车颜色也多种多样，所以汽车维修企业必须由涂装维修技师人工修复事故车或受损车，对涂装维修技师的技术要求要高于汽车生产企业中的涂装维修技师。在修复车身漆面时，虽然会采用打磨机、喷枪、抛光机等工具，但是这些工具都要完全靠人工操作，所以修复喷漆技术是一种技术含量很高、社会认可度

很高的技术，这也是涂装维修技师在全世界都是一个较为紧缺职业的原因。

随着技术的熟练和精通，涂装维修技师的社会认可度越来越高，可担任汽车生产、维修企业的涂装技师，涂装车间主管；也可担任汽车维修企业的事故车定损员，服务顾问或涂料公司的技术服务人员、培训师；还可担任涂料相关设备公司如喷枪、打磨设备公司的技术服务人员、培训师等职位，职业前景非常广阔。随着购买私家车的用户越来越年轻，在车身上喷绘个性化图案或将自己的车辆改为与众不同的颜色的需求越来越大，使得具备喷绘图案技能的涂装维修技师也非常紧缺，并成为市场的新宠。

二、汽车涂装工艺的定义

汽车涂装工艺是指从开始准备到底材处理、中涂施工、面漆喷涂和漆面微修复的整个施工工艺流程。

三、汽车涂装工艺的分类

不同汽车、不同类型的损伤漆膜及采用不同的涂料，其涂装工艺是不同的。总体上，汽车涂装工艺分为新车涂装工艺和修补涂装工艺两大类。

1. 新车涂装工艺

新车涂装工艺是指对新车车身各零部件进行原始涂装处理的施工工艺流程。

汽车涂装的发展在 1985 年以后进入了一个新的阶段，即净化工程阶段（防止公害）。为了环保，汽车涂装多采用环保型涂料（如水性漆），并采用无铬钝化或以高磷化膜的磷化处理代替表面钝化等；在喷涂工艺方面，采用全自动喷涂（包括适用于水性漆或金属漆等导电型漆的静电喷涂）、湿对湿喷涂、水性底漆、面漆吹干水分后喷涂水性漆或溶剂型涂料统一烘干。

新车涂装工艺发展到现在达到了一个相当高的水平，对底材的耐腐蚀性能和面层的装饰性处理工艺都已经非常成熟。尤其是随着各种新型涂料的不断开发和涂装设备的进一步完善，新车涂装工艺在质量和数量等方面都达到了新的高度。汽车制造厂对车身进行涂装时，通常采用以下工艺流程。

（1）化学处理。采用全浸法，首先将整个车身浸入碱液槽，以清除油脂及其他杂质，然后将其浸入另一处理液槽，以形成结晶的磷化锌层。

（2）底漆层处理。为改善汽车的持久防锈特性，将汽车浸入漆槽进行电泳涂装，以便在车身内部所有部位形成高质量的底漆层。电泳涂装时，采用环氧树脂漆。

（3）密封。采用加压给料型密封胶枪，在各部件的焊接处、零件接合处及卷边部位涂密封胶。密封这些部位可以确保车身内部的水密性、防锈性、防尘性。

（4）底漆层涂装。在包括轮罩在内的车身下部区域涂装聚氯乙烯（PVC）。通过此项处理，不仅可以保护车身下部不因飞石撞击而破裂，还可以改善其隔音、防振及隔热性能。

（5）硬性防碎石漆层涂装。在侧门槛下部涂装硬性防碎石漆层，防止因飞石撞击而损坏漆层。

（6）软性防碎石漆层涂装（沿海地区使用）。沿发动机罩、车顶和车门的边缘涂装软性防碎石漆层，防止漆层破裂损坏。

（7）中间漆层涂装。确保必要的漆层厚度，以保持包括面漆层在内的整个涂装表面的光泽和亮度。采用中控自动涂装机来确保均匀涂装。

（8）中间漆层打磨处理。打磨中间漆层表面，以改善其光滑度，并保证与面漆间的良好附着力。

（9）面漆处理。利用自动涂装机器人，在车身内外部涂装面漆，对于金属色漆或珍珠色漆的汽车，在面漆涂装后，还要喷涂一层透明清漆。涂装面漆时，采用高质量的丙烯酸漆或水性漆，以进一步改善其防锈性能，并提高其商业价值。

（10）最终检验。依据评判标准，检查涂装质量。通过外观检查与仪器测量相结合，对漆层的状态、厚度、硬度及各涂层间的附着力进行检查。

（11）内部防锈处理。使用喷枪在需要进行防锈处理的部位上涂装特种锌基防锈漆或石蜡，以进一步改善其防锈性能。

（12）整车防锈处理。车身内侧和外侧均需要进行防锈处理。利用专用的涂蜡枪，将石蜡均匀涂至车门板和车身上，以保证持久的防锈性。

2．修补涂装工艺

（1）定义。修补涂装工艺是指对旧车翻新或对因车身损伤变形通过钣金修复（小微损伤可免钣金修复）的部位进行装饰改色的施工工艺流程。

（2）目的。汽车在使用过程中常常会出现碰撞、剐蹭等事故，造成车身外部覆盖件损伤和涂层破坏。另外，由于涂层使用时间过长，达到或超出其使用年限而丧失或部分丧失保护性和装饰性，车身出现锈斑、孔洞等。这时需要对汽车的涂层进行修补，使其恢复至原有的状态，实现良好的保护性和装饰性。

（3）要求。对于出现碰撞、剐蹭等事故车的损伤部位和锈斑、孔洞等漆膜缺陷，修补部位要实现与未修补部位相同的保护性和装饰性，外观上要无修补痕迹，要求非常高。对于车身良好，只是涂层已经失光、粉化等漆膜失效缺陷，往往采用重新喷涂等工艺，使其恢复良好的装饰性和保护性。由于是全车喷涂，所以对颜色的微小差异要求不高，相对而言，容易操作。

（4）特点。修补涂装工艺与新车涂装工艺没有本质的差异，但由于修补涂装工艺多为

旧车修补，受汽车条件的限制不能进行高温烘烤，所以多采用低温烘烤的修补涂料或自干型涂料。从施工工艺上来讲，因修补涂装工艺的修补面积一般比较小，所以采用手工涂装工艺。另外，手工涂装也有利于主观掌握操作质量，更容易达到无痕迹修补的目的。

四、修补涂装工艺流程

通常从接收一台漆膜受损的汽车到修补后交车，要经过如下流程。

1．清洗

修补涂装前进行清洗的目的：保持涂装车内外部的清洁，便于准确评估漆膜损伤的程度，防止在之后的涂装过程中产生缺陷。

2．损伤评估

修补涂装操作人员必须全车查找漆膜损伤的地方，包括板件的轻微变形（可以用涂装方法修补），评估损伤的程度（范围、深度等），认真做好记录后，在精心研究的基础上，制定合理的修补方案。

如果车身损伤严重，则首先需要进行钣金处理。当钣金工作结束后转入涂装过程时，涂装维修技师需要对钣金修复的效果进行过程检验，以确定是否满足涂装的条件。

车身钢板变形损伤修复的最终要求是恢复板件原来的形状，修复部位可以比原表面低，但涂装可以弥补的凹陷深度不能超过 3mm。

3．表面预处理

对于损伤（或老化）的旧漆膜，必须将其进行适当处理，如将损坏的部分打磨掉，才能进行修补涂装。打磨完成后根据实际需要进行脱脂清洁并干燥。

4．涂装底漆

表面预处理后，如果露出金属的面积较大，按标准要求应该施涂一层环氧底漆，以提高底材的耐腐蚀性能，并提高其与修补涂层的附着力。

5．原子灰刮涂与打磨

损伤处通常会有板件表面凸凹不平的现象，为了快速将凹陷处填平，通常采用刮涂的方法涂一层原子灰。刮涂完成后烘烤干燥，并进行打磨处理。

6．中涂底漆喷涂与打磨

为了遮盖原子灰打磨后表面留下的轻微缺陷，保证面漆施工质量，需要在原子灰层表面喷涂一层中涂底漆。喷涂前要进行必要的遮蔽防护，喷涂完成后烘烤干燥，并进行打磨处理。

7．面漆调色

为了使修补漆膜的颜色与原车身颜色一致，涂料商需要根据车身颜色代码及色母特性表（有限的颜色种类）进行颜色调配。

8．面漆喷涂

调好颜色的涂料，通常采用喷涂的方法喷涂于中涂漆表面，喷涂前要进行必要的遮蔽防护。

9．面漆层干燥

刚喷涂的面漆层为湿状态，必须经过足够时间的干燥，才能形成具有良好性能的漆膜。

10．涂装后处理

面漆干燥后，表面会留下种种缺陷（如流挂、痱子、针孔、渗色、尘点等），必须经过各种处理工艺将其消除。

11．交车

先经过上述修补过程，再经过详细的检验，确认修补质量达到要求且没有遗漏之处（包括修补过程拆下的零部件均已安装到位），即可进行交车。

拓展练习

一、填空题

1．汽车涂装是指对汽车车身表面、内部、底盘等部位使用_____进行涂装，以实现美观、保护、标识的作用。

2．汽车车身的涂装工艺，可以分为_____涂装和_____涂装两类。

3．汽车车身在漆膜表面有缺陷或受损时，采用_____修补。

4．由于涂层使用时间过长，达到或超出其使用年限而丧失或部分丧失其_____和_____，致使车身出现锈斑、孔洞等。

5．我国的部分汽车公司已经开始应用水性中涂底漆和_____。

二、判断题

1．早期的汽车没有涂刷油漆。   （   ）

2．修补喷漆是一种技术含量很高、社会认可度很高的技术。   （   ）

3．现代新车出厂时，汽车车身的涂层按照从内到外的次序包括电泳底漆层和面漆层两层。   （   ）

4．随着科技的发展，目前汽车涂装行业是全程安全无危害的。   （   ）

5．涂装对环境的危害在汽车制造四大工艺之中是最严重的。   （   ）

三、选择题

1．汽车生产企业基本上都是采用（   ）喷涂的。

A．机器人   B．人工   C．半自动化

2．根据汽车车身或零部件的材料，金属件选用（　　　）漆，塑料件选用（　　　）漆。

　　A．低温，高温　　　B．高温，中温　　　C．高温，低温　　　D．中温，低温

3．随着技术的熟练和精通，喷涂维修技师的社会认可度越来越高，具备（　　　）技能的喷涂维修技师也非常紧缺。

　　A．喷绘图案　　　　B．打磨羽状边　　　C．清洁除油　　　D．调色补漆

4．汽车涂装的发展在（　　　）以后进入了一个新的阶段。

　　A．1985 年　　　　B．1986 年　　　　C．1987 年　　　　D．1988 年

5．在节能和环保的要求下，汽车涂装工艺也涌现出一些新技术和新工艺，主要体现在（　　　）。

　　A．新设备的应用　　　　　　　　　B．新技术的使用

　　C．环保型涂装材料的应用　　　　　D．新工艺的应用

任务2　职业健康与安全防护

 知识目标

1．熟悉涂装车间的相关消防工具、设施。
2．熟悉涂装车间的防火、防爆措施。
3．熟悉涂装车间的安全标识。
4．熟悉汽车涂装所应使用的相关防护用品。

 技能目标

1．能够从汽车涂装所使用产品的安全技术说明书中查找到确保涂装安全的相关信息。
2．能够从汽车涂装所使用产品的安全标签中查找到确保涂装安全所需的信息。
3．能正确使用涂装相关防护用品，以确保劳动安全。

 案　例

　　某车身制造公司的涂装车间发生火灾，造成直接经济损失 8.8 万元。由事故原因分析得知，由于企业工作人员的疏忽，车间内的废气处理设施——前端干式过滤箱执行器发生电器故障，引燃了积聚的漆渣。事故发生前，企业环境隐患排查治理工作不够细致，未能及时发现问题，最终导致了火灾的发生，造成了不可挽回的悲剧。

 相关知识

一、涂装车间的相关消防工具、设施

1．灭火器

汽车涂装所用的涂料及稀释所用的溶剂绝大部分都是易燃和有毒物质。在涂装过程中能够形成漆雾、有机溶剂蒸气和粉尘，当它们与空气混合积聚到一定的含量范围时，一旦接触到明火，就会引起火灾或爆炸事故。因此，汽车涂装场所必须配备灭火器。

灭火器按移动方式可分为手提式灭火器和推车式灭火器；按驱动灭火剂的动力来源可分为储气瓶式灭火器、储压式灭火器和化学反应式灭火器；按所充装的灭火剂可分为泡沫灭火器、二氧化碳灭火器、干粉灭火器、卤代烷灭火器（1211 灭火器）、酸碱灭火器、清水灭火器等。

（1）泡沫灭火器。适用于扑救液体和可熔化固体物质燃烧的火灾，如石油制品、油脂等物质燃烧的火灾，也适用于扑救固体有机物质燃烧的火灾，如木材、棉织品等物质燃烧的火灾；但不能扑救带电设备、可燃气体、轻金属，以及水溶性可燃、易燃液体燃烧的火灾。

（2）二氧化碳灭火器。二氧化碳灭火器利用其内部所充装的高压液态二氧化碳本身的蒸气压力作为动力喷出灭火。二氧化碳灭火器具有灭火不留痕迹、有一定的绝缘性能等特点，因此适用于扑救 600V 以下的带电电器、贵重设备、图书资料、仪器仪表等燃烧的初期火灾，以及一般的液体火灾；不适用于扑救轻金属燃烧的火灾。灭火时，只要将灭火器的喷筒对准火源，打开启闭阀，液态的二氧化碳就会立即汽化，并在高压作用下迅速喷出。应当注意，二氧化碳是窒息性气体，对人体有害。

（3）干粉灭火器。干粉灭火器是以高压二氧化碳为动力，由喷筒内的干粉进行灭火的储气瓶式灭火器。它适用于扑救石油及其产品、可燃气体、易燃液体、电气设备燃烧的初期火灾，广泛应用于工厂、船舶、油库等场所。

汽车喷涂车间一般更适合配备 ABC 干粉灭火器（磷酸铵盐干粉灭火器）或 BC 干粉灭火器（碳酸氢铵干粉灭火器）。灭火器放置位置需要做明显标识，另外需要在灭火器上附有维护表，以记录维护信息。还需要注意灭火器的保质期，手提式干粉灭火器（储气瓶式）的保质期一般为 8 年，手提储压式干粉灭火器的保质期一般为 10 年，推车储气瓶式干粉灭火器的保质期一般为 10 年，推车储压式干粉灭火器的保质期一般为 12 年。

2．防爆柜

根据国内标准，正确使用颜色标签去分类整理各种易燃危险品，有利于在火灾发生时消防人员快速识别不同类型的危险品并进行专业的处理，减少火灾带来的损失，如图 1-1 所示。

图 1-1 不同颜色的防爆柜

二、涂装车间的防火、防爆措施

1．一般防火措施

（1）涂装工作人员有必要经过防火安全知识的教育训练，并进行考试，考试合格后方能从事生产操作。

（2）涂装车间有必要树立严格的安全操作规程和防火制度，并随时查看贯彻执行情况，不能麻痹大意。

（3）涂装场所禁止吸烟和携带打火机、火柴等引燃物。

（4）当涂装车间需要动火检修焊接时，有必要先办理动火同意手续，同意后应中止涂装作业。动火前应先将作业场地 30m 以内的漆垢及各种可燃物清扫干净，漆桶、漆槽要加盖密封，其空气中的有机溶剂蒸气浓度不得超越爆破下限的 1/3，以防动火时引起火灾。

（5）涂装车间有必要设置强力通风设备，自然通风条件要好。调漆房、喷漆室及烘干室除应设部分通风外，还应随时测定混合气体浓度，以防达到风险极限。若有火灾风险，则立即关闭通风设备。

（6）除了进行生产直接需求的材料，涂装车间不得积存大量易燃及可燃材料，避免引起火灾。

2．电气设备防火措施

（1）喷漆场所的电气设备，有必要由专职电工进行检测或维修。而且在检修电气设备时，应中止喷涂作业，并将油漆和稀料等易燃物搬到安全地，用非燃材料盖严，避免电气火花引起火灾。

（2）涂装车间内的电气设备有必要采用防爆型，如通风机运用防爆型电机，风机叶轮应是有色金属，避免黑色金属受磕碰后发生火花引起火灾；涂装车间内的照明设备有必要运用防爆灯具。

（3）凡是喷漆设备，如喷漆柜、引风机、喷枪、输送链等，均应运用静电接地设备，其接地电阻不应大于 10Ω。各种送电闸刀、配电盘、断路器等，最好安装在室外和安全地。

（4）在静电喷漆过程中，为保证安全，电压不得高于 80000V，喷枪或喷盘与钢桶间隔不得小于 250mm，避免电压过高或喷距太近发生放电、电火花引起火灾。

3．烘干炉防火措施

（1）禁止运用电阻丝外露的电热元件，运用蒸气、热风、远红外电热元件等进行烘干。若运用红外线灯进行烘干，则应将红外线灯固定在壁龛内，外面要加玻璃罩保护，以防漏电引起火灾。

（2）在烘干炉中烘烤钢桶时，有必要开动通风机，以使溶剂蒸气不致积聚在炉内而到达爆破极限浓度。如果烘干炉无通风设备，则可延长进炉前的炉外放置时间，使溶剂充分挥发。

（3）较长的自动烘干炉，应在其顶部装设通风管，并在适当方位装设防爆门，以供事故时起泄压的作用，也利于及时排除炉内故障。

4．油漆储存防火措施

（1）油漆和溶剂应储存在干燥、阴凉、通风、隔热、无阳光直射的仓库里。仓库的耐火等级应为一、二级，不得与普通物资混存。

（2）储存仓库 30m 内不许动用明火，不许吸烟，并应张贴"禁止烟火"的标志。

（3）储存仓库内有必要搭设木架，漆桶放在木架上，保证稳固，禁止漆桶倒垛磕碰，发生电火花引起火灾。

（4）油漆进库存放时，要轻搬轻放，人工码垛不宜超过 1.8m，机械码垛可适当高一些，避免倒垛发生事故。

5．消防措施

（1）涂装车间、调漆房、烘干炉、储存仓库等，有必要装备足量的泡沫、干粉灭火器，干沙及石棉板等消防器材。灭火器应本着分散与集中相结合的原则进行布点。管理人员应

懂得防火和救火知识，并能够娴熟运用灭火器。每年检查一次药剂质量，若少于规定的质量或看压力表的压力是否在规定值内，应及时充装。

（2）涂装工作人员应牢记油漆易燃易爆的风险性，并具有一定的防火和救火知识，会娴熟运用灭火器和简易的消防器材。一旦发生火灾，应立即关闭附近车间的铁门，并把各种设备的电源切断，将火扑灭。必要时应先向有关部门报警，合作灭火。

三、安全标志

1. 安全标志的含义

安全标志是用于表达特定安全信息的标志，由图形符号、安全色、几何形状（边框）或文字构成。

2. 安全标志的颜色含义

红色表示禁止、停止，如图 1-2 所示。

黄色表示注意、警告，如图 1-3 所示。

图 1-2　红色安全标志

图 1-3　黄色安全标志

蓝色表示指令，必须遵守，如图 1-4 所示。

绿色表示通行、安全，如图 1-5 所示。

图 1-4　蓝色安全标志

图 1-5　绿色安全标志

3．安全标志的分类

安全标志分为禁止标志、警告标志、指令标志和提示标志。

（1）禁止标志。

禁止标志的含义是禁止人们的不安全行为，其基本形式为带斜杠的圆形框。圆形框和斜杠为红色，图形符号为黑色，衬底为白色，如图1-6所示。

禁止吸烟 禁止烟火 禁止带火种

禁止合闸 禁止入内 禁止攀登

图1-6　禁止标志

（2）警告标志。

警告标志的含义是提醒人们对周围环境引起注意，以避免可能发生的危险，其基本形式为正三角形框。正三角形框及图形符号为黑色，衬底为黄色，如图1-7所示。

注意安全 当心火灾 当心烫伤

当心腐蚀 当心中毒 当心触电

图1-7　警告标志

（3）指令标志。

指令标志的含义是强制人们必须做出某种动作或采用防范措施，其基本形式是圆形框。图形符号为白色，衬底为蓝色，如图1-8所示。

（4）提示标志。

提示标志的含义是向人们提供某种信息（如标明安全设施或场所等），其基本形式是正方形框。图形符号为白色，衬底为绿色，如图1-9所示。

必须戴防护眼镜

必须戴防毒面具

必须戴防尘口罩

必须戴安全帽

必须戴防护手套

必须系安全带

图1-8　指令标志

图1-9　提示标志

4．常用道路交通标志

（1）谨慎慢行标志，用于警告驾驶员谨慎慢行，注意横向来车相交。设在视线不良的平面交叉路口驶入路段的适当位置，如图1-10所示。

（2）注意行人标志，用于促使驾驶员减速慢行，注意行人。设在行人密集或不易被驾驶员发现的人行横道以前的适当位置，如图1-11所示。

图1-10　谨慎慢行标志

（3）减速慢行标志，用于促使驾驶员减速慢行。设在前方需要减速慢行的路段以前的适当位置，如图1-12所示。

图1-11　注意行人标志

图1-12　减速慢行标志

（4）禁止行人通行标志，用于禁止行人通行。设在禁止行人通行的地方，如图 1-13 所示。

（5）人行横道通行标志，用于表示该处为人行横道。标志颜色为白色三角形框、黑色图形符号、蓝色衬底，设在人行横道两端适当位置，如图 1-14 所示。

图 1-13　禁止行人通行标志　　　　　　图 1-14　人行横道通行标志

四、汽车涂装的相关防护用品

1．防护眼镜

防护眼镜，又称护目镜，是个体防护装备中重要的组成部分，如图 1-15 所示。防护眼镜的种类很多，不同的场合需要佩戴不同类型的防护眼镜，常见的防护眼镜有防尘眼镜、防冲击眼镜、防化学眼镜和防光辐射眼镜等。涂装作业时，防护眼镜可以防止稀释剂、固化剂、涂料的飞溅及灰尘对眼睛造成的伤害。

2．防尘口罩

打磨旧漆层及原子灰时会产生粉尘，作业人员必须佩戴防尘口罩，用于保护肺部免受打磨时产生的固体微粒的危害，如图 1-16 所示。

图 1-15　防护眼镜　　　　　　　　　　图 1-16　防尘口罩

3．活性炭过滤式防护口罩

通过活性炭盒过滤施工场所中的挥发性有机化合物、异氰酸酯挥发物、漆雾等，活性炭盒外面附有的过滤棉可以过滤灰尘、漆尘等，如图 1-17 所示。

4．全面式供气面罩

全面式供气面罩与半面式供气面罩类似，只不过它能够将整个面部全部遮盖起来，实现对头部的完全保护，如图 1-18 所示。

图 1-17　活性炭过滤式防护口罩

图 1-18　全面式供气面罩

5．防护服

防护服通常分为以下两种。

（1）普通棉质工作服，主要在打磨等机械性作业时穿戴，用于防止受到边缘锋利的材料的伤害和脏污，如图 1-19 所示。

（2）防静电喷漆服，主要在从事调漆、喷漆及抛光作业时穿戴，用于防止涂料、稀释剂及抛光剂飞溅等造成的危害。防静电喷漆服最好是带帽连体式的，一般用透气、耐溶剂、防静电、不起毛的材料制作，袖口为收紧式。防静电喷漆服是由专用的防静电洁净面料制作的，具有高效、永久的防静电、防尘性能，如图 1-20 所示。

图 1-19　普通棉质工作服

图 1-20　防静电喷漆服

6．防噪耳塞

防噪耳塞一般是由硅胶或低压泡沫材质、高弹性聚酯材料制成的，插入耳道后与外耳道紧密接触，达到隔音的目的，用于打磨、喷涂、使用气枪等噪声环境下操作的防护，如图 1-21 所示。

7．防护手套

防护手套主要有两种。

（1）棉纱手套，主要用在打磨或处理汽车零部件时避免手部伤害，如图 1-22 所示。

（2）乳胶手套，主要用在可能接触到涂料、稀释剂时，防止有害物质通过皮肤渗入人体，如图 1-23 所示。可在调漆、喷涂、抛光时使用。

图1-21　防噪耳塞

图1-22　棉纱手套

图1-23　乳胶手套

8．安全鞋

安全鞋通常具有耐溶剂、绝缘等特性，鞋头和后跟均有内置钢板，如图 1-24 所示。在从事打磨、调漆、喷漆、抛光等作业时均要穿戴安全鞋。

图1-24　安全鞋

五、涂装车间保证技术人员职业健康的其他措施

为了保证涂装维修技师的职业健康，涂装车间还应采取以下措施。

（1）工程控制。涂装车间最重要的工程控制做法是保证通风。打磨工位会使用除油剂、原子灰，适当的通风能够降低溶剂挥发物浓度，对车间安全和维修技师的健康均具有非常重要的好处。喷漆房和烤漆房更需要保证充足的通风，一般通风风量应达到 $18000m^3/h$，这样不仅可以加速漆面的干燥，而且可以除去溶剂挥发物。如果条件允许，喷漆房和烤漆房最好设置为负压，即内部气压低于外部气压，这样可以保证喷漆时的溶剂挥发物不会进入整个涂装车间，降低对涂装车间打磨、抛光等其他技术人员身体上的影响。

（2）使用先进的工具设备可以有效地降低化学物质对技术人员的危害。

① 使用高质量的喷枪，如 HVLP（高流量低气压）喷枪，可提高喷涂时的油漆利用率，减少飞漆。

② 使用高质量的无尘干磨设备，可以有效吸附、收集打磨造成的粉尘，减小技术人员吸入粉尘的概率。

（3）使用环保的涂装产品。

① 使用高固体含量的涂料。

② 使用水性漆。

综上所述，只要涂装维修车间做好工程控制，技术人员严格遵守安全操作规程，佩戴合适的防护用品，使用环保的涂装产品，在喷漆房等设备上安装排放吸附装置，就能够避免职业病、火灾和环境污染，避免对技术人员造成伤害，避免对企业和社会环境造成影响。

拓展练习

一、填空题

1. 在灭火器上需要附有_____，以记录维护信息。

2. 根据国内标准，可燃品存储柜为_____色。

3. 涂装作业时，_____可以防止稀释剂、固化剂、涂料的飞溅及灰尘对眼睛造成的伤害。

4. 从事调漆、喷漆及抛光作业时应穿戴_____。

5. 在打磨、喷涂、使用气枪等噪声环境下操作应佩戴_____，达到隔音的目的。

二、判断题

1. 涂装工作人员有必要经过防火安全知识的教育训练，并进行考试，考试合格后方能从事生产操作。　　　　　　　　　　　　　　　　　　　　（　　）

2. 防火垃圾桶在使用时保持闭合状态，将储存物品与火源隔离并自动限制气量。

（　　）

3. 涂装车间需要动火检修焊接时，有必要先办理动火同意手续，同意后应中止涂装作业。　　　　　　　　　　　　　　　　　　　　　　　　　（　　）

4. 乳胶手套主要用在打磨或处理汽车零部件时避免手部伤害。　　　（　　）

5. 在从事打磨、调漆、喷漆、抛光等作业时均要穿戴安全鞋。　　　（　　）

三、选择题

1. 喷涂车间一般更适合配备（　　　）。

A. 泡沫灭火器 　　　　　　　　　 B. 二氧化碳灭火器

C. 干粉灭火器 　　　　　　　　　 D. 酸碱灭火器

2. 手提储压式干粉灭火器的保质期一般为（　　　）年。

A. 8 　　　　　 B. 10 　　　　　 C. 12 　　　　　 D. 15

3. 喷漆场所检修电气设备时，（　　　）喷涂作业。

A. 应中止 　　　 B. 可继续 　　　 C. 不影响

4.（　　）适合长时间接触有害气体的操作时佩戴。

A．半面式供气面罩　　　　　　　　B．全面式供气面罩

C．防毒面具　　　　　　　　　　　D．防尘口罩

5.（　　）主要用在可能接触到涂料、稀释剂时，防止有害物质通过皮肤渗入人体。

A．棉纱手套　　　　　　　　　　　B．乳胶手套

C．橡胶手套　　　　　　　　　　　D．聚乙烯手套

项目2

损伤区处理

📖 项目描述

一辆汽车的外观绝大部分是车身涂层，车漆的亮度、光泽、颜色能够给人带来极大的视觉享受。汽车在使用过程中，因刮擦、碰撞等多种外部因素导致车漆表面出现的损伤会影响汽车原本光鲜亮丽的外表。

本项目设计了4个任务，分别为漆膜损伤评估、去除旧漆、原子灰刮涂、原子灰打磨。操作完毕后，按照6S要求（整理、整顿、清扫、清洁、素养、安全）整理施工现场（工具设备复位，工位清洁，废弃物统一放置在规定的废弃物容器内），互相学习和交流相关专业知识技能方法，做到熟练掌握，灵活运用。

❓ 思考与成长

工匠精神要求勤于学习，不断钻研，不断创新。要把工匠精神应用于专业领域，勤于学习新理论，主动研究新问题，深入开展调查研究，用心钻研业务知识，在工作中学习创新，立足于现状，综合分析，冷静思考，寻找创新的思路和方法，更好地把有限的时间投入到无限的为人民服务之中。

任务 1 漆膜损伤评估

知识目标

1. 了解漆膜损伤评估的方法。
2. 掌握漆膜损伤评估的方法。

技能目标

能正确对漆膜损伤进行评估。

案　例

一辆汽车右前车门受损，已进行板件清洁处理，按照维修的作业流程，需要转到钣金工位对受损车门进行钣金修复作业。根据质量要求，需要经过漆膜损伤评估才能进行下一道工序，现要求对该汽车进行修复前的漆膜损伤评估。请你先对车门损伤部位进行检查，确定损伤程度。

相关知识

由于碰撞造成的车身损伤从外观上看较明显，关于该损伤的分类和评估在车身钣金修复中会有详细的介绍，对涂装维修来说不做过多要求。涂装维修技师要掌握的是车身覆盖件的轻微变形（不需要钣金修复或只要简单的敲打就可以恢复的变形），以及车身板件的腐蚀等损伤评估的方法。

漆膜损伤评估的方法有目测法、触摸法和直尺法。

1. 目测法

根据光照射板件的反射情况，评估其损伤的程度及受影响的面积大小。稍微改变人眼相对于板件的位置，即可看到微小的变形和损伤。

目测法评估损伤的内容主要有：观察车身有无划伤、锈蚀损伤，车身覆盖件有无凹坑和凸起变形等。

（1）对于板件外表破损形成锈蚀的部位，一般会有红色或黄色的锈迹，比较容易观察到。需要注意的是，有些锈蚀是从板材的底部开始的，尤其是经过车身修复的部位，从外表看不到锈迹，只是在板件表面有不规则的凸起。把凸起部分敲破就能看到板材的锈蚀情况。一般情况下，已经在板件表面产生凸起的，板材基本上已经被锈蚀穿了。修复锈蚀损伤时，必须处理到金属板材，并做防腐蚀处理。

（2）观察车身覆盖件的凹坑和凸起变形。根据光照射到不同形状板件后反射的情况进行判别。观察时目光不要与板件垂直，而是有一定的角度，角度的大小根据光线来调整，以能看清板件表面情况为准。如果板件表面有变形，由于变形部位与良好部位的反射光线不同，人眼可以很容易地观察到变形部位。找到损伤部位以后，要及时做好标记，便于维修。

2．触摸法

戴上手套（最好为棉纱手套），从各方向触摸受损区域，但不要用力。触摸的时候要将注意力集中在手掌上，以感觉来评定板件的不平整度及漆膜损伤的情况。为了准确地找到受影响区域的不平整部分，手的移动范围要大，要包括未受损区域，而不是仅触摸受损区域。此外，有些受损区域，手在向某个方向移动时，可能比向另一个方向移动时更易感觉到。

3．直尺法

将一把直尺放在车身与受损区域对称的未受损区域上，检查车身和直尺的间隙；将直尺放在受损的车身板件上，评估受损的和未受损的车板的间隙相差多少，以判断损伤的情况。同时，可用直尺测量受损区域的相关尺寸，以计算损伤面积。

实际评估时，通常是综合运用各种方法，以获得准确的评估结果。在评估过程中，一定要随时做好记录，以便为后续的维修方案制定提供依据。

对于损伤的表面（包括做完钣金修复后的表面），如果凹陷深度不超过 3mm，可直接进行涂装修复；如果超过 3mm，则需要先进行钣金修复，直到凹陷深度符合要求，再进行涂装修复。

 技能训练

一、所需的工具及材料

本任务所需的工具及材料如表 2-1 所示。

表 2-1 所需的工具及材料

类型	名称	规格/型号	图示
防护用品	防尘口罩	N95	

类型	名称	规格/型号	图示
防护用品	手套	棉纱	
		乳胶	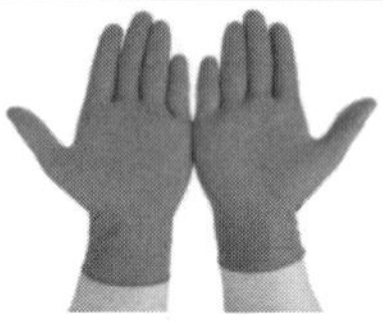
	防毒面具	过滤式	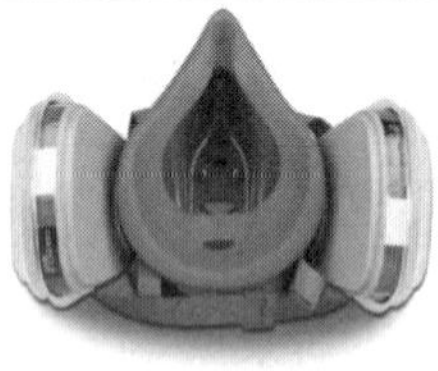
	防护眼镜	—	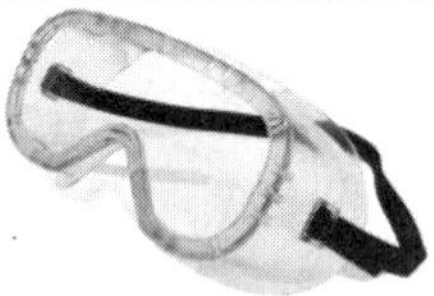
工具、材料	钢尺	500mm	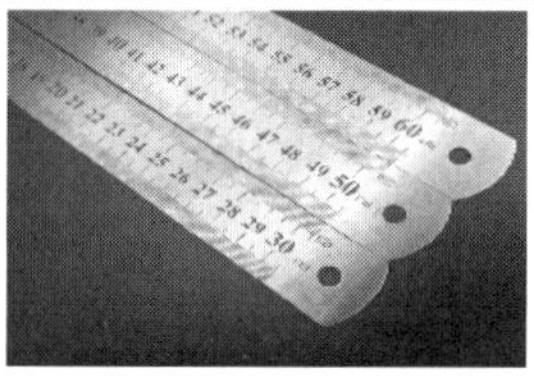
	记号笔	蓝色	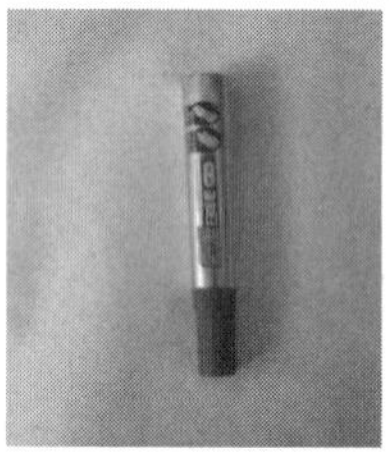
	除油剂喷壶	耐溶剂型	
	除油剂	802	

续表

类型	名称	规格/型号	图示
工具、材料	除油布	—	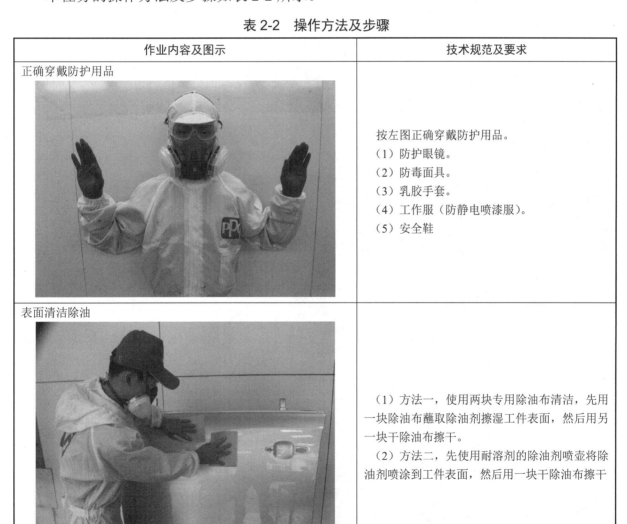

二、操作方法及步骤

本任务的操作方法及步骤如表 2-2 所示。

表 2-2　操作方法及步骤

作业内容及图示	技术规范及要求
正确穿戴防护用品	按左图正确穿戴防护用品。 （1）防护眼镜。 （2）防毒面具。 （3）乳胶手套。 （4）工作服（防静电喷漆服）。 （5）安全鞋
表面清洁除油	（1）方法一，使用两块专用除油布清洁，先用一块除油布蘸取除油剂擦湿工件表面，然后用另一块干除油布擦干。 （2）方法二，先使用耐溶剂的除油剂喷壶将除油剂喷涂到工件表面，然后用一块干除油布擦干

作业内容及图示	技术规范及要求
更换防护用品 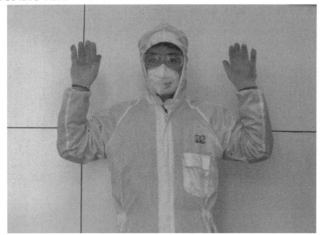	按左图正确穿戴防护用品。 （1）棉纱手套。 （2）防尘口罩。 （3）防护眼镜。 （4）工作服。 （5）安全鞋
评估方法一（目测法） 	目测法评估车身损伤的内容主要有：观察车身有无划伤、锈蚀损伤，车身覆盖件有无凹坑和凸起变形等
评估方法二（触摸法） 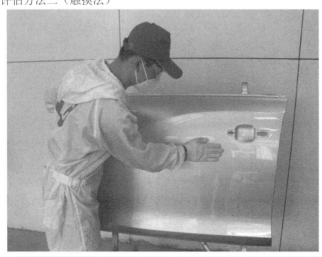	（1）戴上手套（最好为棉纱手套），从各方向触摸受损区域，但不要用力。触摸的时候要将注意力集中在手掌上，以感觉来评估板件的不平整度及漆膜损伤的情况。 （2）为了准确地找到受影响区域的不平整部分，手的移动范围要大，要包括未受损区域，而不是仅触摸受损区域

续表

作业内容及图示	技术规范及要求
评估方法三（直尺法） 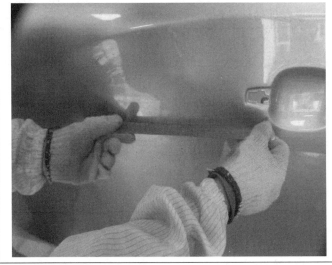	（1）将一把直尺放在车身与受损区域对称的未受损区域上，检查车身和直尺的间隙。 （2）将直尺放在被损伤的车身板件上，评估受损的和未受损的车板的间隙相差多少，以判断损伤的情况
做好标记 	用记号笔做好损伤标记，方便后续打磨
按照 6S 要求进行整理 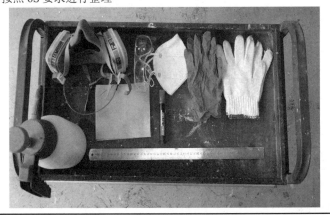	对除油剂喷壶、工具、工具车进行清洁整顿，做好场地清洁、工具车的归位等工作

任务评价

本任务的评分表如表 2-3 所示。

表 2-3　漆膜损伤评估评分表

序号	项目	分值	技术要求/扣分要点	扣分	得分
1	个人安全防护	10	未按工序规范穿着工作服，扣 2.5 分		
			未按工序规范佩戴防护眼镜，扣 2.5 分		
			未按工序规范佩戴防尘口罩和防毒面具，扣 2.5 分		
			未按工序规范穿戴手套，扣 2.5 分		
2	清洁板件	10	① 如果表面有灰尘，用清洁布除尘、吸尘；如吹尘，不扣分。 ② 先用除油剂喷壶喷涂或用湿除油布擦湿表面，然后用干除油布擦干，只擦（喷）湿不擦干，或者未除油，扣 10 分		
	损伤评估	75	① 评估方法不准确，扣 35 分。 ② 不能正确地评估出损伤点，扣 40 分		
3	按照 6S 要求进行整理	5	工作环境未清洁，设备工具未归位，扣 5 分		
分数合计		100			

操作时间：15 分钟　　　　　　　　　　　　　　　　　　日期：　年　月　日

拓展练习

一、填空题

1. 漆膜损伤评估的方法有＿＿＿＿＿＿＿＿＿＿＿＿＿＿＿＿＿＿。

2. 目测法评估车身损伤的内容主要有：＿＿＿＿＿＿＿＿＿＿＿＿＿＿＿＿

＿＿＿＿＿＿＿＿＿＿＿变形等。

二、判断题

1. 漆面损伤主要是受到外力撞击造成的。　　　　　　　　　　　　（　　）

2. 车身损伤评估前必须进行清洁、清洗。　　　　　　　　　　　　（　　）

3. 车身漆膜表面起泡的原因是碰撞、剐蹭后没有及时对损伤部位进行修复。（　　）

4. 车身损伤评估的常用方法有三种。　　　　　　　　　　　　　　（　　）

5. 在用直尺法评估时，损坏件如果有凸出部分，将影响评估的操作。　（　　）

三、选择题

1. 目前车身常见损伤的评估方法有目测法、（　　）、直尺法。

A. 触摸法　　　　　B. 仪器测量法　　　　　C. 打磨法

2. 采用目测法评估时不应该在（　　）进行。

A. 强光下　　　　　B. 柔和光源下　　　　　C. 手电筒光源下

任务2 去除旧漆

 知识目标

1. 明确去除旧漆的必要性。
2. 掌握双动作打磨机、手磨板、打磨砂纸的选择与使用方法。
3. 掌握去除旧漆和打磨羽状边的方法。

 技能目标

1. 能使用双动作打磨机、手磨板、打磨砂纸等去除旧漆和打磨羽状边。
2. 能正确使用清洁剂、除油剂清洁工件表面，使工件表面洁净无污染。
3. 能正确去除旧漆及打磨羽状边。

 案　例

一辆汽车右前车门受损，已进行钣金修复，按照维修的作业流程，需要转到涂装工位对受损车门进行涂装修复作业。根据质量要求，需要去除旧漆及打磨羽状边才能进行下一道工序，现要求对该汽车进行涂装修复过程中的去除旧漆及打磨羽状边。请你先对车门损伤部位进行检查，确定损伤程度，然后根据工艺流程规范地去除旧漆及制作羽状边。

▶ **相关知识**

一、涂装表面预处理的必要性

去除旧漆的必要性体现：保证涂层质量、增强涂膜在底材上的附着力、提高涂膜的耐腐蚀性能、改进涂层的外观。

1．保证涂层质量

去除旧漆是涂装工艺的第一步，去除旧漆处理质量的好坏将直接影响涂层质量。经过预处理，使表面无油、无锈、无其他污物，并具有一定的粗糙度，能使涂料牢固地附着在底材上。去除旧漆是保证涂层使用寿命及质量的重要环节。

2．增强漆膜在底材上的附着力

附着力的强弱虽与涂料品种、质量及合理选择配套有关，但表面处理也是一个关键，

若表面不清洁，存在水、油、粉尘、氧化层、铁锈、蜡及其他污物或不牢固的旧漆膜，则新漆膜附着不牢、起泡、开裂、脱落，进而使金属与空气中的有害气体、水分接触，从而发生腐蚀造成损坏。去除旧漆的目的就是清除这些有害物质，并使底材表面具备涂装所要求的粗糙度，增强漆膜在底材上的附着力，从而延长漆膜的使用寿命。

3．提高涂膜的耐腐蚀性能

金属表面的水、油、铁锈及其他污物会降低涂料的耐腐蚀性能，它们存在于漆膜与被涂物表面之间，起到腐蚀金属表面和破坏漆膜的作用。若表面处理干净，达到涂装前的技术要求，则会提高漆膜表面的耐腐蚀性能，延长漆膜的使用寿命，更好地保护底材。

4．改进涂层的外观

车身表面未予处理或处理不彻底，涂装后会产生许多问题。例如，被涂物表面有残留油污会使喷涂的漆膜产生缩孔（鱼眼）、脱皮；铁锈、氧化物会使漆膜起泡，影响汽车外表美观，使涂料失去装饰和保护作用。良好的表面前处理也会减少面漆的橘皮，提高漆膜的外观质量。

二、打磨系统及工具

在维修车间，吸尘系统是配合打磨机使用的，如果没有吸尘系统，就会给空气环境带来一定的影响，维修人员长时间在这样的环境下工作，会给身体带来不适。所以现在正规的维修车间都必须配备吸尘系统，不管是打磨机还是手工打磨垫块，都应该使用吸尘管接在磨头出尘口处。

目前打磨系统的品牌比较多，各商家的产品也略有不同，但其基本作用是一致的。常见的打磨系统有三种，分别是移动式打磨系统、悬臂式打磨系统和中央集尘打磨系统。

移动式打磨系统如图 2-1 所示。该设备使用比较方便，单个工位移动也比较灵活，而且一般手工打磨垫块和打磨机可以同时工作。但是在维修过程中移动时，电源线和气管会经常拖在地面使之移动不便。

悬臂式打磨系统如图 2-2 所示。它解决了移动式的缺点，把电源线和气管悬吊在墙上，可在一定范围内移动操作。但在大型维修厂还是不太实用，通常在一般车间使用。

中央集尘打磨系统如图 2-3 所示。该设备主要使用大型集尘主机控制，一般每个集尘主机可连接 4～8 个打磨终端，每个打磨终端可同时连接两把电动或气动打磨机及手磨板。这样减少了单个工位上的集尘设备管理，也让工位维修时的空间大了一些，目前使用比较广泛。

图2-1　移动式打磨系统

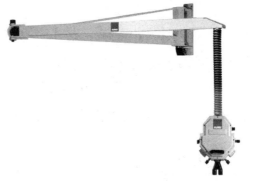

图2-2　悬臂式打磨系统

图2-3　中央集尘打磨系统

三、打磨机

打磨机的主要作用是在打磨过程中减轻工人的体力消耗，所以在很多行业中运用广泛。

1．根据驱动方式分类

打磨机根据驱动方式分为电动打磨机和气动打磨机；根据形状分为圆形打磨机和方形打磨机。在汽车涂装维修行业里，较常使用的是气动单动作打磨机和气动双动作打磨机，商用车部件面积较大，多使用方形打磨机，轿车部件面积小，弧度、线条多，多使用圆形打磨机。气动打磨机的优点是连接气管方便、安全，只要压缩空气气压和供气量充足，能保证打磨速度、打磨效果即可。

2．根据砂纸及运动方向分类

打磨机根据砂纸及运动方向分为单动作打磨机、轨道式打磨机、双动作打磨机。

（1）单动作打磨机。单动作打磨机的磨垫在转动时主要绕一固定点旋转，也就是使用时往一个方向一直转，如图2-4所示。由于打磨机往一个方向一直转，所以不能放在平面上打磨，这是因为打磨机的磨垫中心与边缘转速不一致。单动作打磨机的转矩大、速度低、切削力强，主要适用于清除涂料；研磨力大，适合钣金车间使用。

图2-4　单动作打磨机

（2）轨道式打磨机。轨道式打磨机磨垫的外形呈矩形，基本用于较大面积的平面，它的运动方式是磨垫振动，犹如多个圆圈转动，如图2-5所示。轨道式打磨机可根据打磨的面积沿椭圆轨迹反复运动，比较适用于原子灰平整打磨，但由于操作要求较高，目前在大型维修站中使用较为

汽车车身涂装教程

普遍。

（3）双动作打磨机。双动作打磨机具备单动作打磨机及轨道式打磨机的优点，是油漆车间主要使用的打磨工具，属于圆形双动作打磨机，如图2-6所示。双动作打磨机在转动时的偏心距大小有很多种，都用数字表示，方便维修时进行快速选择，如表2-4所示。偏心距越大，越适用于粗磨，偏心距小的打磨机主要用于研磨旧涂层或抛光前打磨。

图2-5　轨道式打磨机

图2-6　双动作打磨机

表2-4　不同偏心距的打磨机所适合的打磨环节

偏心距（mm）	打磨环节
9～12	除锈、除旧漆
7～9	除旧漆、打磨羽状边、粗磨原子灰
4～6	细磨原子灰，原子灰周围区域打磨，喷涂中涂底漆前打磨电泳底漆、旧漆
3～6	喷涂面漆前打磨中涂底漆、旧漆
1.5～3	抛光前打磨

四、打磨材料

砂纸是汽车涂装维修最常用的打磨材料，分为干磨砂纸和水磨砂纸。此外，菜瓜布也是一种重要的打磨材料。

1）干磨砂纸和水磨砂纸的区别

干磨砂纸和水磨砂纸的基材与黏结剂的耐水性不同，磨料的分布疏密情况也不同，水磨砂纸的磨料分布较紧密，故二者不能替换使用。如果把水磨砂纸用于干磨，则打磨下来的粉末会黏结在砂纸表面导致堵塞，所以水磨砂纸必须带水打磨，以冲走打磨下来的粉末。而干磨砂纸与黏结剂不耐水，所以不能用于水磨，否则其磨料会脱落。干磨砂纸的磨料分布较稀疏，磨料占砂纸表面面积的50%～70%，这也导致干磨砂纸安装在打磨机上的打磨效果优于手工打磨。

2）砂纸的规格

砂纸的规格是由磨料颗粒决定的，砂纸表面使用阿拉伯数字区分。而欧洲有很多国家还在数字的前面加了"P"，常用的砂纸型号有P80、P120、P240、P320、P400、P500，其目的是让人们知道带有这个字母的数字含义是砂纸的规格。数字越大表示砂纸越细，数字越小表示砂纸越粗。

五、注意事项

（1）打磨旧漆时，打磨机倾斜角度不易过大，否则会损伤磨头，吸尘效果差，过大角度可能没有切削力（因为磨头边缘没有砂纸）。

（2）操作打磨机时，一定要在接触到板件表面后，才能启动打磨机。如果打磨机在接触到板件表面之前启动，由于空转转速过高，会在初始接触的区域产生很深的划痕，并且使打磨机控制困难。

（3）为了防止板件过热变形，不要将打磨机在一个位置打磨过长时间。

（4）采用手工打磨时，可先用刮灰刀铲除部分旧涂层，再将砂纸折叠后进行打磨，此操作可提高效率。注意：用刮刀铲除旧涂层时用力不得过大，避免划伤工件及周围的涂层。

（5）将周围的旧漆层磨至完全没有光泽即可，不可过度打磨，形成新的不平整区域。

 技能训练

一、所需的工具及材料

本项目所需的工具及材料如表2-5所示。

表2-5　所需的工具及材料

类型	名称	规格/型号	图示
防护用品	防尘口罩	N95	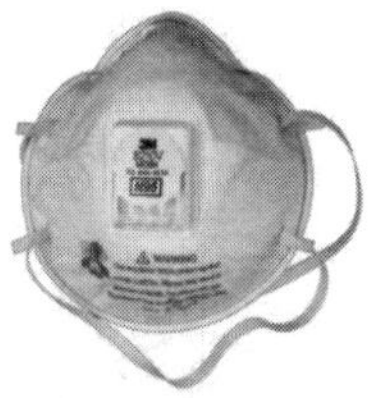
	手套	棉纱	

 汽车车身涂装教程

续表

类型	名称	规格/型号	图示
防护用品	手套	乳胶	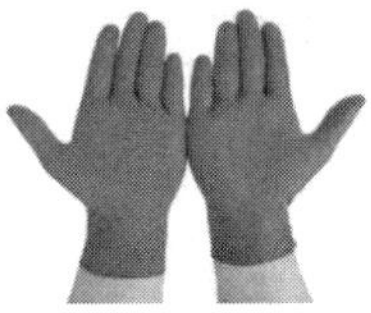
	防毒面具	过滤式	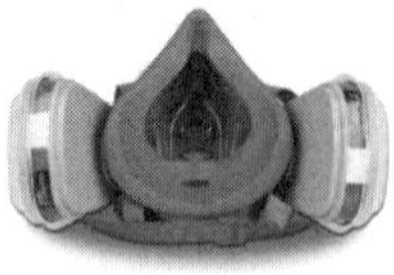
	防护眼镜	—	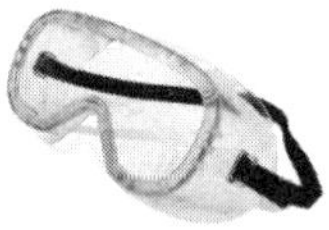
工具、材料	打磨机	5号	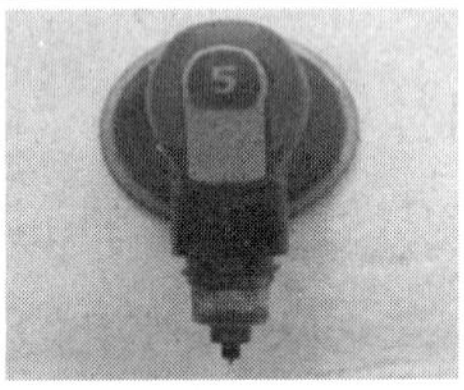
	干磨砂纸	P80、P120、P180	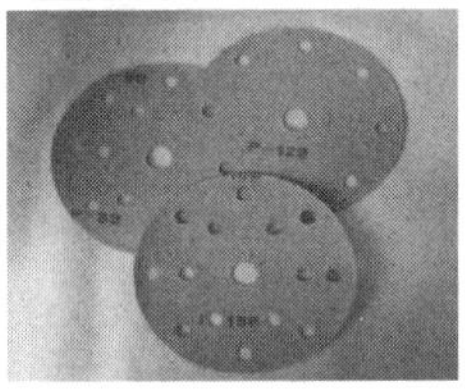
	除油布	—	
	除油剂喷壶	耐溶剂型	
	除油剂	802	

二、操作方法及步骤

本任务的操作方法及步骤如表 2-6 所示。

表 2-6 操作方法及步骤

作业内容及图示	技术规范及要求
正确穿戴防护用品 	按左图正确穿戴防护用品。 （1）棉纱手套。 （2）防尘口罩。 （3）防护眼镜。 （4）工作服。 （5）安全鞋
选用 5 号或 7 号打磨机 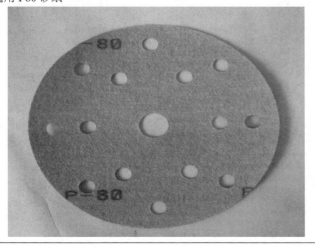	清除旧涂层时，需要选用切削力较大的、偏心距为 5mm 或 7mm 的双动作打磨机，以提高工作效率
选用 P80 砂纸 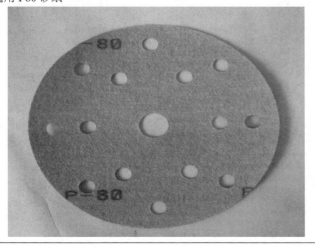	（1）为确保施工效率及质量，应根据板件表面原涂层的厚度及板件的材质选择合适规格的砂纸，以进行旧涂层的清除工作。 （2）工件表面只有电泳底漆时可使用 P120 砂纸；工件表面为完整的原厂漆层时可使用 P80 砂纸；工件表面经过喷漆修复后可使用 P60 砂纸

续表

作业内容及图示	技术规范及要求
调整打磨机转速 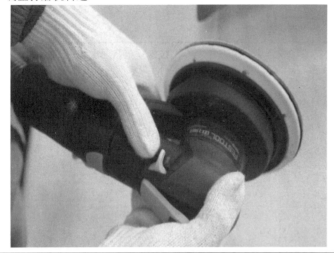	（1）按动开关，用左手调节转速控制调节旋钮，将转速调节到合适打磨的位置。 （2）若打磨机转速太快，则容易过度打磨；若转速太慢，则影响打磨效率
打开吸尘开关 	将打磨机启动模式开关调至"AUTO"挡，如果不打开吸尘开关，按动打磨机开关后，打磨机只能打磨，无法吸尘
用打磨机清除旧涂层 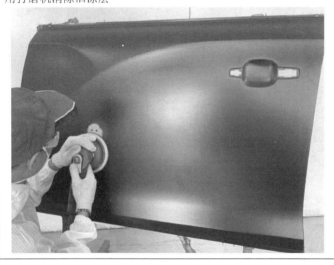	（1）先将打磨机放置在板件损伤部位，再启动打磨机。使用打磨机清除旧涂层时，应根据板件的形状和损伤的面积，适当调整打磨机与板件之间的夹角，确保旧涂层清除的范围不小于受损区域即可。 （2）打磨时，打磨机与板件的角度控制在5°～10°，不要太用力压打磨机。如果将已经转动的打磨机放置在板件上，会很难控制，容易打磨到没有损伤的部位上

续表

作业内容及图示	技术规范及要求
手工清除凹陷内残余旧漆 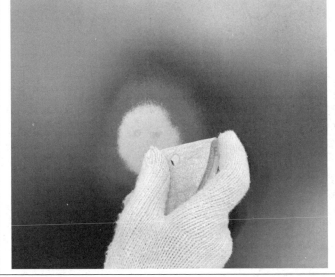	使用旧砂纸折叠后打磨或使用调灰刀的刀尖铲除部分旧漆层，配合P120砂纸进行研磨，确保旧漆层完全清除
更换P120砂纸 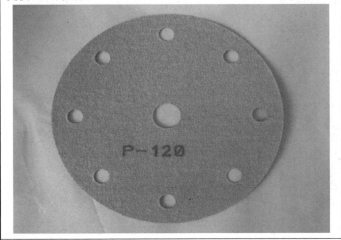	在清除旧涂层后，为了便于原子灰施工，需要打磨羽状边，使用P120砂纸用于打磨羽状边
打磨羽状边 	使用 P120 砂纸对受损区域周围的涂层向四周打磨开，使裸金属与原涂层的结合部位形成平滑的斜面（羽状边），像羽毛的边缘那样极其平顺地过渡，不可出现台阶，否则在重新喷涂后易出现明显的痕迹。 　　技术要点：沿着裸金属的边缘做"画圆"切削式打磨。打磨时，打磨机与板件角度控制在5°～10°，羽状边的形状要规则（以圆或椭圆为基准，切不可将边缘磨成锯齿状），便于原子灰施工；对于未曾修复的涂层，羽状边的宽度打磨至 3mm 为宜；对于修复过多次的涂层，每层至少研磨 5mm

续表

作业内容及图示	技术规范及要求
更换 P180 砂纸 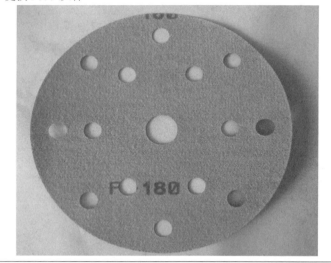	（1）使用 P180 砂纸主要是为了增强原子灰和涂层之间的附着力。如果砂纸过细，原子灰附着力降低，容易脱落；如果砂纸过粗，重新喷涂后容易产生明显痕迹。 （2）磨毛区范围一般以 3～5cm 为宜，同时形状要求规则
羽状边周边区域粗磨 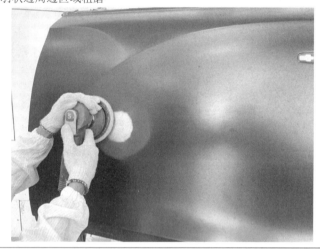	打磨机放置在羽状边外围，启动打磨机，转速调整适中，不要用力下压打磨机，沿着羽状边外围研磨出圆形磨毛区
检查羽状边打磨效果 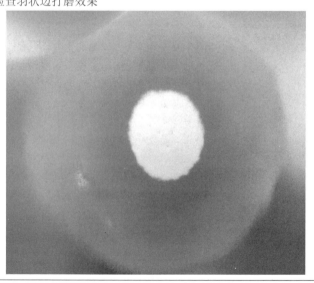	（1）用手检查羽状边是否平滑，沿手指、手掌方向纵向检查，这样能够通过手掌、手指的敏感区域感知表面是否凹凸不平。 （2）一般打磨至羽状边边缘 30～50mm 的区域即可

作业内容及图示	技术规范及要求
羽状边表面清洁处理 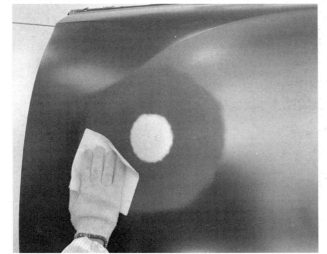	羽状边打磨完成后使用除油布擦拭粉尘，从上到下、从左到右擦拭干净。不采用气枪吹尘，以免污染工位
更换防护用品 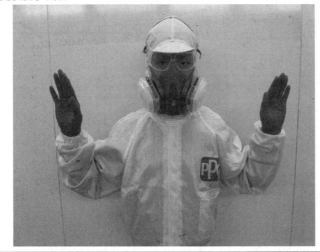	除尘后需要进行除油脱脂清洁，需要更换防护用品，按左图正确穿戴防护用品。 （1）防毒面具。 （2）乳胶手套。 （3）防护眼镜。 （4）工作服。 （5）安全鞋
羽状边表面清洁除油 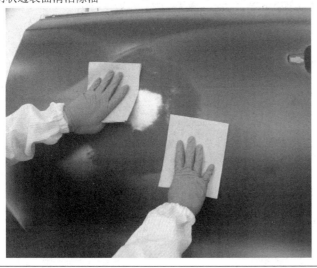	（1）方法一，使用两块专用除油布清洁，先用一块除油布蘸取除油剂，擦湿工件表面，然后用另一块干除油布擦干。 （2）方法二，先使用除油剂喷壶将除油剂喷涂到工件表面，然后用干除油布擦干

续表

作业内容及图示	技术规范及要求
按照 6S 要求进行整理 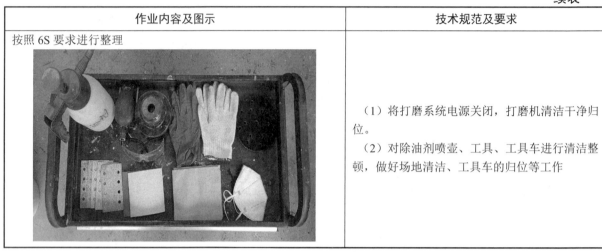	（1）将打磨系统电源关闭，打磨机清洁干净归位。 （2）对除油剂喷壶、工具、工具车进行清洁整顿，做好场地清洁、工具车的归位等工作

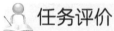 任务评价

本任务的评分表如表 2-7 所示。

表 2-7　去除旧漆评分表

序号	项目	分值	技术要求/扣分要点	扣分	得分
1	个人安全防护	10	未按工序规范穿着工作服，扣 2.5 分		
			未按工序规范佩戴防护眼镜，扣 2.5 分		
			未按工序规范佩戴防尘口罩和防毒面具，扣 2.5 分		
			未按工序规范穿戴手套，扣 2.5 分		
2	清洁板件	10	① 如果表面有灰尘，用清洁布除尘、吸尘；如吹尘，不扣分。 ② 先用除油剂喷壶喷涂或用湿除油布擦湿表面，然后用干除油布擦干，若只擦（喷）湿不擦干，或者未除油，扣 10 分		
	打磨羽状边	75	① 未打磨羽状边或羽状边边缘整体不合格，扣 30 分；3cm<不合格长度<4cm，扣 20 分。 ② 羽状边距最近损伤点超过 3cm，在 1～3cm 之内，分别扣 5～15 分。 ③ 羽状边范围，四周 4 个区间，1 个区间损伤点到羽状边距离不足 3cm，扣 5 分。 ④ 砂纸使用顺序错误，每次扣 4 分		
3	按照 6S 要求进行整理	5	工作环境未清洁，设备工具未归位，扣 5 分		
	分数合计	100			

操作时间：15 分钟　　　　　　　　　　　　　　　　　日期：　　年　　月　　日

 拓展练习

一、填空题

1. 打磨机与板件的角度控制在_____。

2．羽状边的宽度打磨至＿＿＿mm 为宜；对于修复过多次的涂层，每层至少研磨＿＿＿mm。

3．磨毛区范围一般以＿＿＿＿cm 为宜，同时形状要求规则。

4．清除旧涂层时，需要选用切削力较大的、偏心距为＿＿＿＿的双动作打磨机，以提高工作效率。

5．若打磨机转速太快，则容易过度打磨；若转速太慢，则影响＿＿＿效率。

二、判断题

1．表面预处理质量的好坏将直接影响涂层质量。（　　）

2．板件除油时可以佩戴棉纱手套。（　　）

3．镀锌钢板在涂装前没必要进行预处理。（　　）

4．羽状边范围内旧漆不用完全去除。（　　）

5．旧漆膜的打磨面积要大于刮灰区域，并且要磨出平滑的羽状边。（　　）

三、选择题

1．下列不符合安全防护要求的是（　　）。

A．全程穿戴防护眼镜、工作帽、安全鞋和工作服、防噪耳塞

B．除油、刮涂原子灰时佩戴活性炭防护口罩和乳胶手套或防溶剂（厚）手套

C．清洗原子灰刮刀佩戴棉纱手套

D．打磨时佩戴防尘口罩和棉纱手套

2．在去除旧涂层时，先使用的砂纸规格是（　　）。

A．P80　　　　B．P120　　　　C．P180　　　　D．P240

3．去除旧漆并打磨羽状边时，推荐使用打磨机的偏心距为（　　）。

A．3mm　　　　B．5mm　　　　C．7mm

4．旧漆膜打磨的主要目的是（　　）。

A．提供附着力　　B．清除橘皮纹理和提供更平滑的基底　　C．提供光泽度

5．打磨修复区周边范围时，从羽状边到周边范围不少于（　　）。

A．10cm　　　　B．15cm　　　　C．25cm

任务3 原子灰刮涂

知识目标

1．能够正确叙述原子灰的种类及作用。

2. 能够正确叙述原子灰的调配比例。

 技能目标

1. 能按要求选择合适的刮刀。
2. 能按要求刮涂原子灰。

 案 例

一辆汽车右前车门受损，已进行钣金修复，按照维修的作业流程，需要转到涂装工位对受损车门进行涂装修复作业。根据质量要求，需要经过原子灰刮涂才能进行下一道工序，现要求对该汽车进行涂装修复过程中的原子灰刮涂。请你先对车门损伤部位进行羽状边打磨，然后根据工艺流程进行规范的原子灰刮涂。

▶ 相关知识

一、原子灰的基本特性

原子灰是一种膏状或厚浆状的涂料，主要用来填平底材上的凹坑、缝隙、孔眼、焊疤、刮痕，以及加工过程中所造成的缺陷等，以使底材表面平整、匀顺，使面漆的丰满度和光泽度能充分地显现出来。

原子灰由树脂、颜料、溶剂和填充材料等组成，原子灰通常又被称为腻子、补土，可分为不饱和聚酯原子灰及硝基原子灰，常用原子灰为双组份，使用时要添加固化剂，干燥速度较快，原子灰层牢固，附着力强，不易开裂，硬度高，打磨性好，固化后收缩性小。

二、原子灰的性能要求

（1）具有良好的刮涂性能，有一定韧性，附着力强，垂直面厚涂时无流淌现象，薄涂时均匀光滑。

（2）具有良好的打磨性能，原子灰层干燥后软硬适中，易打磨，不黏砂，能适应干磨或水磨。打磨后原子灰层边缘平整光滑且无接口痕迹。

（3）与底漆、中涂底漆及面漆有良好的配套性，不发生咬底、起皱、开裂、脱落等现象，有较强的层间黏合力。

（4）具有较好的耐溶剂性和耐潮湿性，否则会导致涂层起泡。

（5）形成的原子灰层要有一定韧性和硬度，以防汽车行驶过程中的振动导致原子灰层开裂，轻微碰撞导致低凹或划痕。

（6）干燥性能良好，能在规定时间内干燥、打磨。

三、原子灰的类型

1. 普通原子灰

普通原子灰由不饱和聚酯树脂、填充材料、少量颜料及苯乙烯配制而成，要和固化剂调配后才能使用。普通原子灰具有干燥速度快，原子灰层牢固，附着力强，不易开裂、堆积，填充性能好，硬度高，打磨性好，表面细滑光洁，固化后收缩性小等特点，可以和多种配套性油漆使用，可以大幅度提高施工的效率和产品质量，因此被广泛使用。普通原子灰适用于钢铁板材，但不能直接用于镀锌板、不锈钢板、铝合金板和经过磷化处理的裸金属表面，在这些金属表面上涂一层隔绝底漆（环氧底漆）后才可以使用普通原子灰进行刮涂。

2. 合金原子灰

合金原子灰又称金属原子灰，除了可用于普通原子灰适用的金属表面，还可直接作用于镀锌板、不锈钢板和铝金属板等表面，不需要喷涂隔绝底漆。但是不能用于经过磷化处理的裸金属表面。合金原子灰使用方便且性能高，但是价格也高于普通原子灰。

3. 纤维原子灰

纤维原子灰的填充材料含有纤维物质（一般为玻璃纤维），干燥后质量轻、附着力强、硬度高，可以直接填充直径小于50mm的孔洞或锈蚀而不需要钣金修复，对孔洞的隔绝耐腐蚀性能很强。用于比较深的金属凹陷部位，填补效果良好。但表面呈现多孔状，需要用普通原子灰做填平工作。适用于钢铁板、镀锌板、铝合金板及塑料纤维板等表面。

4. 塑料原子灰

塑料原子灰专用于塑料件的修复填补作业，调和后呈膏状，可刮涂也可喷涂，和塑料件有着良好的附着力，干燥后质地柔软，打磨性能好，可干磨也可水磨。

5. 幼滑原子灰

幼滑原子灰又称快干填眼灰或幼滑填眼灰，一般为单组份涂料，其膏体极其细腻，主要用于填补细小砂纸痕迹、针孔及微小的凹陷等。幼滑原子灰干燥时间短，随取随用，不加固化剂，干燥后易于干磨，适用于细小缺陷的填补，但是其填补能力较差，且不耐溶剂，易被面漆中的溶剂"咬起"，所以不能用于大面积刮涂。

四、工具的准备

1. 刮刀

刮刀是用来将原子灰刮涂到工件上的手工工具，根据制作材料的不同，可以分为橡胶刮刀、塑料刮刀、金属刮刀等；根据其软硬程度可分为硬刮刀和软刮刀，如图 2-7 所示。

硬刮刀：有一定的硬度，易刮涂平整及填充缺陷，适用于刮涂大的凹坑及平面部位。

软刮刀：有一定的柔韧性，适用于刮涂非平面部位。

金属材料可以根据需要制成不同规格、不同软硬程度的刮刀，加工方便，通用性强，所以目前使用较多。

2. 调灰板

调灰板（也称搅拌板）的主要作用是盛放原子灰，根据其制作材料不同，可以分为钢板类、塑料板类、木板类等，如图 2-8 所示，也可以制成不同的规格、形状。

图 2-7　刮刀

图 2-8　调灰板

五、原子灰刮涂时的注意事项

（1）刮涂后的原子灰必须比原来的表面略高，但过高会导致打磨难度增加。

（2）原子灰的固化过程会产生热量，刮涂完将剩余的原子灰冷却后才能丢弃或放置于水桶中，以防热量散发点燃易爆易燃物品。

（3）原子灰的刮涂次数不宜太多，来回拖拉会导致原子灰表面粗糙、平整度和亮度差，还会将原子灰里的涂料挤到表面，导致表面不干，影响原子灰层的性能。

（4）刮刀在最后一道刮涂中需要反向移动，防止原子灰的高点中心偏移，增加打磨的难度。

（5）刮涂前被涂装表面必须干透，以防产生气泡或龟裂，若被涂装表面过于光滑，则可用砂纸预打磨，具有良好的附着力。

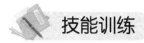

技能训练

一、所需的工具及材料

本任务所需的工具及材料如表 2-8 所示。

表 2-8　所需的工具及材料

类型	名称	规格/型号	图示
防护用品	防尘口罩	N95	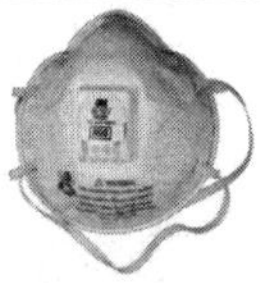
	手套	棉纱	
		乳胶	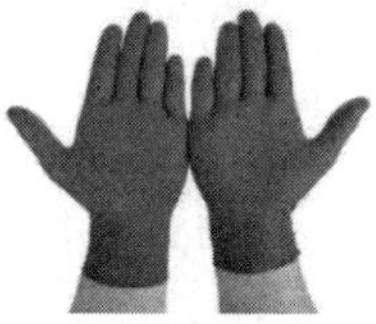
	防毒面具	过滤式	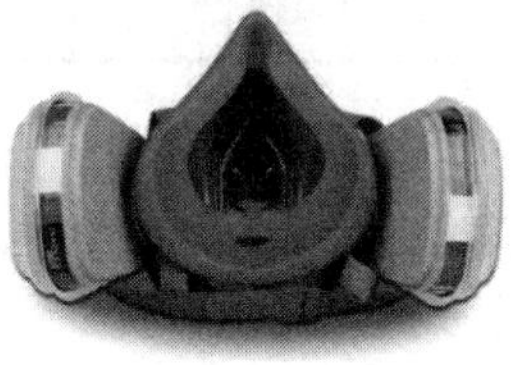
	防护眼镜	—	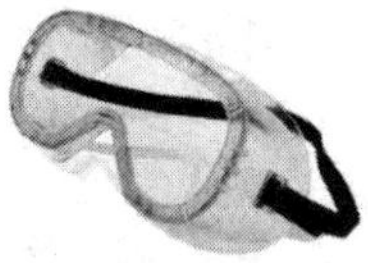
工具、材料	原子灰	P552-1052	
	刮刀	金属、橡胶	

续表

类型	名称	规格/型号	图示
工具、材料	环氧底漆	P565-895	
	固化剂	P210-8430	
	除油布	—	
	除油剂	802	
	稀释剂	P850-2K	

二、操作方法及步骤

本任务的操作方法及步骤如表 2-9 所示。

表 2-9 操作方法及步骤

作业内容及图示	技术规范及要求
正确穿戴防护用品 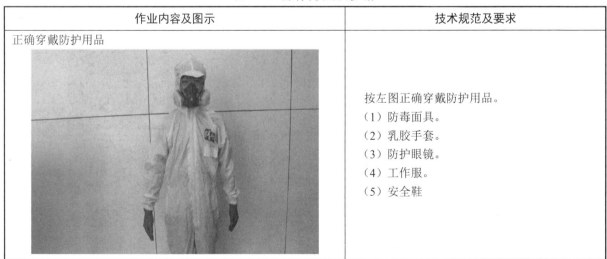	按左图正确穿戴防护用品。 （1）防毒面具。 （2）乳胶手套。 （3）防护眼镜。 （4）工作服。 （5）安全鞋

续表

作业内容及图示	技术规范及要求
调配环氧底漆 	（1）P565-895 环氧底漆调配比例见下表。 | 环氧底漆	固化剂	稀释剂
---	---	---
P565-895	P210-8430	P850-2K
4 份	1 份	1 份	 （2）按比例进行添加，搅拌均匀，在裸金属表面施涂 P565-895 环氧底漆可提高金属的耐腐蚀性能，同时为原子灰、中涂漆提供良好的附着力，该环氧底漆干燥时间短
在裸金属表面薄涂一层环氧底漆 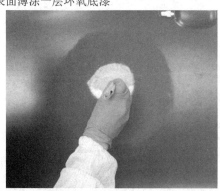	（1）用除油布蘸取环氧底漆，对于需要刮涂原子灰填平的裸金属表面，可采用刷涂或蘸涂的方法进行施工，这样可省去清洗喷枪的环节，更节省时间、材料。 （2）刷涂或蘸涂环氧底漆比较简单快捷，但一定要确保施涂的双组份环氧底漆已经干燥才可刮涂原子灰。为了提高工作效率，可以采用短波红外线烤灯烤干环氧底漆
搅拌原子灰 	（1）对于新开罐的原子灰，要使用专用工具打开罐盖，不允许用刮刀撬，以免刮刀变形，用搅拌尺搅拌均匀。 （2）对于新开罐的或长时间不用的原子灰，应先将罐内的原子灰搅拌调和均匀，以保证整罐原子灰都能以正常黏度使用
取原子灰至调灰板 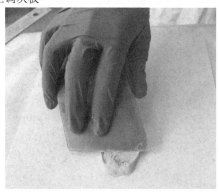	（1）用搅拌尺或刮刀取出适量的原子灰放在调灰板上，并盖好盖子。 （2）原子灰罐每次用完后必须及时盖好，以防溶剂挥发，如果溶剂已经挥发，则需要向罐中加入专用溶剂

续表

作业内容及图示	技术规范及要求
均匀搅拌固化剂 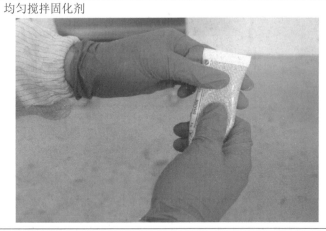	（1）使用固化剂时要先打开固化剂管盖，将空气挤出，然后拧上管盖，在管外揉搓使固化剂混合均匀。 （2）以搓、捏的方式挤压固化剂，使固化剂中的主剂与助剂混合均匀
取固化剂至调灰板 	（1）按规定的混合比例添加一定量的固化剂，通常比例为 2%～3%，也可参照厂家涂料说明及要求。 （2）如果固化剂过多，原子灰干燥后就会开裂；如果固化剂过少，原子灰就难以固化干燥。原子灰与固化剂混合时，固化剂的允许量有一定范围，可以随气温的变化适当调整，具体数值应以产品说明书为准
均匀搅拌固化剂 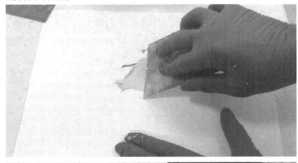 	（1）用刮刀铲起固化剂，与原子灰充分搅拌；使用刮刀反复铲起下压原子灰，混合至颜色均匀，不再看到红色固化剂。 （2）如果总是混合不好或反复长时间混合，留给刮涂的时间过短，就会使其固化而不能使用，仔细检查调制好的原子灰，要颜色一致，软硬适中

作业内容及图示	技术规范及要求
铲起原子灰 	将所有搅拌好的原子灰全部铲起,以方便刮涂,做好刮涂原子灰准备
选用合适的刮刀 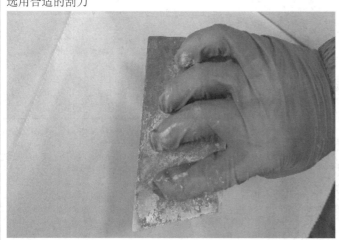	(1)正确选用刮刀既可保证质量,又可提高效率。 (2)手拿刮刀的方法有竖握法、横握法和其他方法,如果刮刀刀口不平整或有毛刺,则可用 P180~P240 砂纸打磨刀口,直至平整。若底材为铝及铝合金,则应选用塑料刮刀
压灰 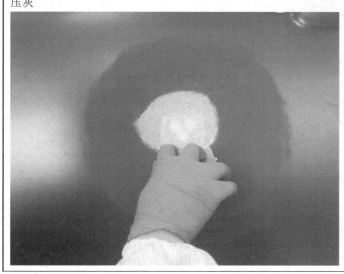	(1)用刮刀将原子灰往金属表面薄薄地压抹一层。 (2)操作时刮板呈 45°~70°夹角站立,刮刀上加一定的压力,使原子灰被挤压到金属表面细小的孔眼中,以提高原子灰与金属表面的附着力

续表

作业内容及图示	技术规范及要求
填灰 	（1）刮板的倾斜角为35°～45°，逐渐用原子灰填满待修补的凹坑，刮涂时要注意原子灰中不要混入空气，否则会产生气孔和开裂。刮涂第二层原子灰时仍以填平为主，比第一层要薄，局部刮涂时面积应略大于第一层原子灰的面积。 （2）具体刮涂层数以完全填补受损区域为准，如果凹陷较大，则需要多次薄刮；如果凹陷较小，通常两次刮涂即可填平凹陷
收灰 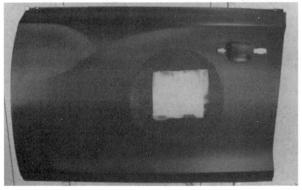	（1）先取少量原子灰用力填充进砂孔及刮痕缝隙部位，再按顺序压实薄刮一层，形成光滑平整的表面。 （2）刮涂后原子灰必须比原来的表面高，四周的残余原子灰要及时刮除干净，否则表面留下残余原子灰，干燥后会增加打磨的工作量

续表

作业内容及图示	技术规范及要求
按照 6S 要求进行整理 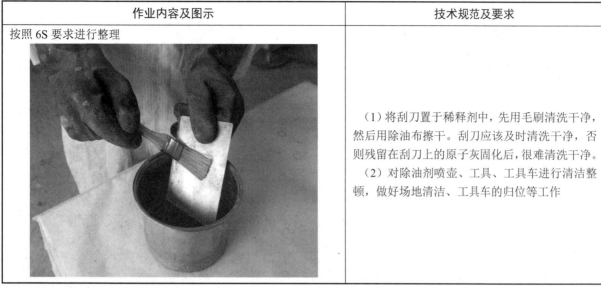	（1）将刮刀置于稀释剂中，先用毛刷清洗干净，然后用除油布擦干。刮刀应该及时清洗干净，否则残留在刮刀上的原子灰固化后，很难清洗干净。 （2）对除油剂喷壶、工具、工具车进行清洁整顿，做好场地清洁、工具车的归位等工作

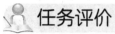 **任务评价**

本任务的评分表如表 2-10 所示。

表 2-10　原子灰刮涂评分表

序号	项目	分值	技术要求/扣分要点	扣分	得分
1	个人安全防护	10	未按工序规范穿着工作服，扣 2.5 分		
			未按工序规范佩戴防护眼镜，扣 2.5 分		
			未按工序规范佩戴防毒面具，扣 2.5 分		
			未按工序规范穿戴手套，扣 2.5 分		
2	清洁板件	10	除油方法不正确，扣 5 分（要求使用两块除油布，一块蘸取除油剂擦拭表面后，马上用另一块擦干），不除油，扣 10 分		
	环氧底漆施涂	10	① 完全没有使用环氧底漆，扣 10 分。 ② 50%以上面积可见金属，扣 5 分。 ③ 20%左右面积可见金属，包括中间较好，但周边一圈可见金属，扣 3 分。 ④ 10%左右面积可见金属，包括周边半圈可见金属，扣 2 分。 ⑤ 非常细小可见金属，扣 1 分		
			环氧底漆未完全干燥就刮涂原子灰导致咬底，扣 5 分		
	原子灰刮涂	60	① 原子灰四周 4 个区间，每个区间刮涂范围都超出砂纸打磨范围，扣 15 分（只是刮刀带出的少量残余不计）。 ② 一个区间未收光，扣 10 分。不足一个区间，按照占比扣分。原子灰中间的刮涂台阶，每条扣 5 分		
3	按照 6S 要求进行整理	10	工具没有放在地面上；使用完毕后，工具、工位未恢复原状；气管未归位。每种错误扣 2 分，扣完为止		
	分数合计	100			

操作时间：15 分钟　　　　　　　　　　　　　　　　　　日期：　　年　　月　　日

拓展练习

一、填空题

1. 原子灰的类型有 _____。

2. 合金原子灰又称金属原子灰，除了可用于普通原子灰适用的金属表面，还可以直接作用_____、_____和_____等表面，不需要喷涂隔绝底漆。

3. 幼滑原子灰又称_____或 _____。

二、判断题

1. 原子灰主剂与固化剂混合不均匀容易产生固化不匀、附着力差、起泡、剥落等现象。   (   )

2. 刮涂第一层原子灰，刮刀与底材倾斜角度以 30°为宜。   (   )

3. 刮涂第二层原子灰以填平为主，不求光滑。   (   )

4. 目前所用的原子灰一般是由聚酯树脂制成的。   (   )

5. 普通原子灰可以直接用在镀锌板上。   (   )

6. 原子灰可直接刮涂于黑色金属表面、高温烤漆和双组份底漆上。   (   )

三、选择题

1. 第一层原子灰的厚度不要超过（   ）。

A. 10mm   B. 5mm   C. 15mm

2. 进行清洁除油时，应遵循的原则是（   ）。

A. 一手湿，一手干

B. 一手干，一手湿

C. 湿擦即可

3. 原子灰固化剂添加过量可能会造成（   ）。

A. 针孔   B. 面漆褪色

C. 干燥快   D. A、B 都对

4. 关于刮涂原子灰，下列说法错误的是（   ）。

A. 刮涂第一层原子灰时，刮刀与工件呈 15°～30°

B. 刮涂第一层原子灰时应该用力薄刮，挤出空气

C. 刮涂第一层原子灰时，刮刀近似垂直于工件表面

D. 普通原子灰的限度膜厚度不宜超过 5mm

任务 **4** 原子灰打磨

 知识目标

1. 明确原子灰打磨的含义和必要性。
2. 掌握打磨工具的种类和用途。

 技能目标

1. 能正确按照顺序使用砂纸打磨原子灰。
2. 能使用双动作打磨机、手磨板、打磨砂纸等打磨原子灰。
3. 掌握原子灰的打磨方法。

 案 例

一辆汽车右前车门受损，已进行钣金修复，按照维修的作业流程，需要转到涂装工位对受损车门进行涂装修复作业。根据质量要求，需要经过原子灰打磨才能进行下一道工序，现要求对该汽车进行涂装修复过程中的原子灰打磨。请你先对车门损伤部位进行原子灰刮涂，然后根据工艺流程进行规范的原子灰打磨。

相关知识

一、原子灰打磨的含义及必要性

为了得到平整光滑的表面，在原子灰层彻底干燥后需要进行打磨。

（1）粗打磨。要求原子灰表面初步平整，不求光滑。

（2）细打磨。更换干磨砂纸，按 P120→P180→P240→P320 砂纸逐级渐进，不能跳号，细磨原子灰表面。

（3）手工打磨。使用打磨机大致形成平整表面后，进行手工打磨。手磨板的大小应与打磨作业面积相适宜。

二、原子灰打磨工具、耗材认识

一般原子灰打磨作业中需要用的工具有手磨板、碳粉指示剂、砂纸。

汽车车身涂装教程

1．手磨板

车身很多部位有一定弧度及线条，还有一些边角部位，手工打磨更易于根据需要从不同角度打磨，打磨平整的同时打磨出需要的形状。故干磨实际上包括机器打磨和手工打磨两种方式，绝不要误以为干磨就是用干磨机打磨。只是根据打磨工件的不同和涂装维修人员熟练度的不同，使用两种打磨方式的比重有所不同。

打磨板有很多种，通常行业内把水磨用打磨板称为磨板，而干磨用打磨板配有吸尘管及尼龙搭扣以粘连砂纸，行业内通常称为手磨板，如图2-9所示。

图2-9　手磨板

手磨板往往还用于喷涂中涂底漆之后的粗磨，原因也是因为弧度、线条及边角部位用手磨板或打磨软垫才能比较容易打磨。另外，原子灰部位、划痕打磨羽状边部位喷涂中涂底漆后，需要用类似打磨原子灰的方法把中涂底漆填充后的较高部位磨下去，才能使整个表面平整。手磨板常见的尺寸是宽度为70mm，长度为125mm、198mm或420mm，也有115mm×230mm的规格，可根据常见打磨工件的尺寸进行选择。手磨板虽然与有些方形打磨机的尺寸类似，但二者作用完全不同，并不能互相代替。常见的磨板有硬橡胶垫和海绵垫。硬橡胶磨板硬度适中，适用于配合不同的砂纸做喷涂面漆前各环节的打磨；海绵垫磨板适用于抛光前垫上细水砂纸磨平坐点颗粒、橘皮等，因为海绵垫磨板较软，不易对漆面造成不必要的伤害。

2．碳粉指示剂

碳粉指示剂的主要作用是显示涂层缺陷，使用时，用海绵将黑色的碳粉均匀地涂抹到原子灰上，打磨之后，原子灰高的部位的碳粉会被打磨掉，残留有碳粉的部位说明有气孔或凹陷，如图2-10所示。

碳粉　　海绵

图2-10　碳粉指示剂

三、原子灰打磨时的注意事项

（1）打磨原子灰时只能干磨，不能水磨，因为原子灰有一定的吸水性，水磨会导致漆膜起泡、剥落、金属底材锈蚀等现象。

打磨原子灰可采用手工打磨或机械打磨。机械打磨适用于修复面积较大及平整的底材，可降低劳动强度，提高工作效率；手工打磨适用于修复一些形状复杂的底材，如转角、折口、外形线、弧形，凹形部位等。

（2）原子灰外观效果的检查。用手检查原子灰表面是否平整的方法类似检查去除旧漆后打磨羽状边的方法。原子灰表面必须打磨至用手检查没有波浪起伏，没有台阶，表面没有中涂底漆不能填充的砂眼、砂纸痕。如果原子灰表面已经平整、合格，只是表面有中涂底漆不能填充的细小砂眼、砂纸痕，则可采用擦涂免磨填眼灰来填充解决。

 技能训练

一、所需的工具及材料

本任务所需的工具及材料如表 2-11 所示。

表 2-11　所需的工具及材料

类型	名称	规格/型号	图示
防护用品	防尘口罩	N95	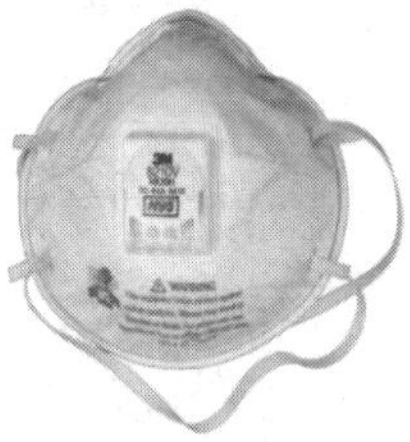
	手套	棉纱	
		乳胶	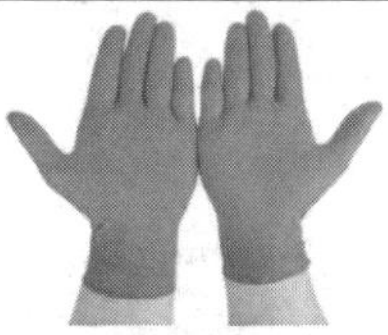
	防毒面具	过滤式	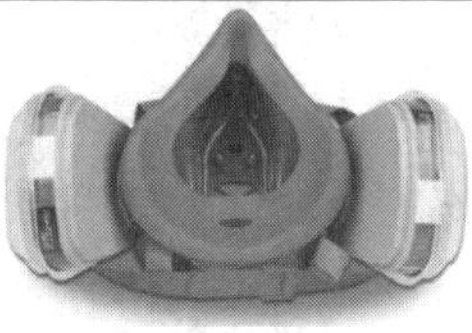

类型	名称	规格/型号	图示
防护用品	防护眼镜	—	
工具、材料	打磨机	5 号	
	干磨砂纸	P80、P120、P180、P240	
	手磨板	75mm×125mm	
	碳粉指示剂	—	
	海绵砂纸	P400	
	除油布	—	
	除油剂	802	

二、操作方法及步骤

本任务的操作方法及步骤如表 2-12 所示。

表 2-12　操作方法及步骤

作业内容及图示	技术规范及要求
检查原子灰是否干燥 	（1）在原子灰干燥过程中，可以用指甲轻轻地刮原子灰边缘薄的部分。 （2）也可以拿 P80 砂纸轻轻地打磨原子灰边缘薄的部分，检查原子灰是否干燥，如果干燥，则砂纸上不会黏上原子灰，并在原子灰上出现坚硬的白色痕迹
更换防护用品 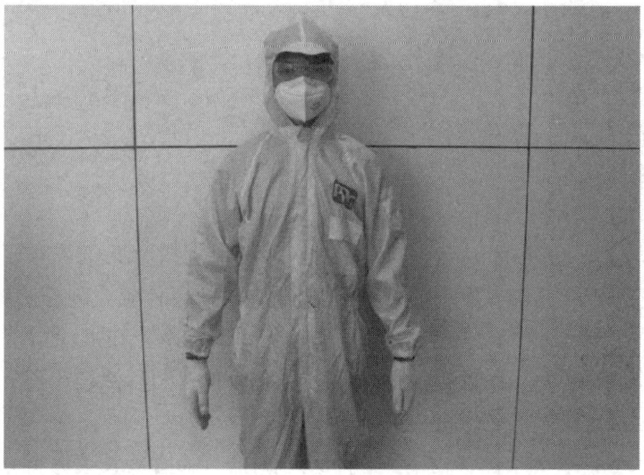	按左图正确穿戴防护用品。 （1）棉纱手套。 （2）防尘口罩。 （3）防护眼镜。 （4）工作服。 （5）安全鞋
施涂打磨碳粉指示剂 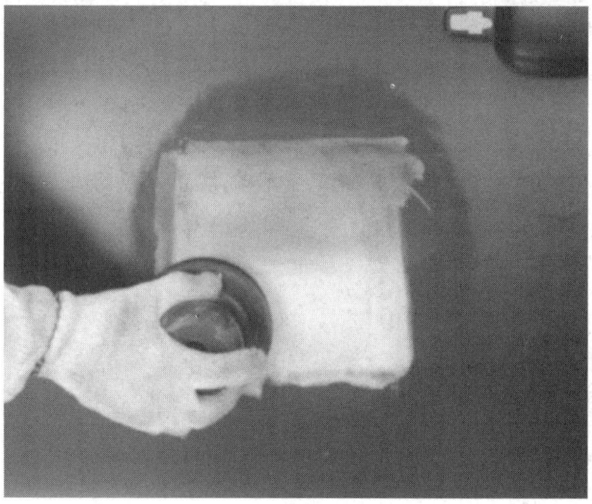	（1）在打磨原子灰前应在原子灰上施涂碳粉指示剂，帮助打磨人员判断表面状况，这样就可以掌握好干磨，将碳粉指示剂涂抹均匀（原子灰表面有一层黑色即可，无须过深）。 （2）打磨前只需在表面薄薄涂抹一层，在打磨时，由于较低部位及存在砂眼、砂纸痕的部位会因为留有碳粉而呈现黑色，这样就可以方便判断平整度及缺陷

作业内容及图示	技术规范及要求
启动干磨机吸尘系统 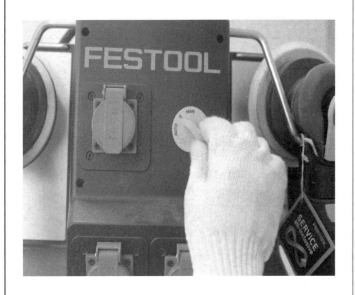	将吸尘系统启动开关调到自动吸尘"MAN"挡
选择 P80 砂纸粗磨原子灰 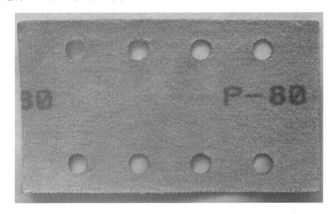 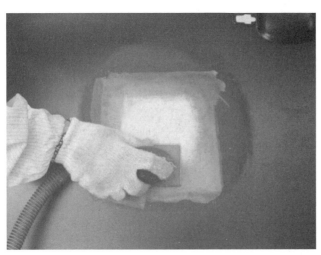	（1）使用 P80 砂纸手工粗磨原子灰只要求初步平整，不要求光滑。打磨时应控制打磨范围，禁止超出原子灰刮涂区域,防止在旧涂层上留下过粗的砂纸痕。若原子灰表面刮涂较平整,此操作可省略。 （2）手工打磨时注意沿手磨板长度方向，顺板件流线型水平方向做往复运动。打磨往复的幅度在不超出原子灰刮涂区域的前提下，要尽量长一些，以利于打磨平整，防止打磨过度造成凹坑。 （3）打磨原子灰要从 P80 砂纸开始依次更换细砂纸打磨，砂纸更换的幅度，每次不应超过两个等级，相当于不超过 100 号，具体要求需要参考不同品牌砂纸的使用要求

续表

作业内容及图示	技术规范及要求
用 P120 砂纸粗磨原子灰 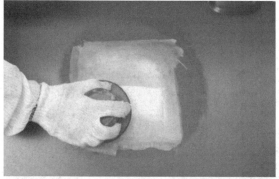 	（1）更换砂纸前，应在原子灰表面施涂碳粉指示剂，以便检查打磨效果。在粗平整后，应选用 P120 砂纸进行打磨。P120 砂纸可以消除 P80 砂纸留下的粗砂痕，并将原子灰打磨至基本平整。打磨时，尽量不超出原子灰刮涂区域。 （2）打磨时，手磨板应尽量放平，与原子灰充分接触，沿板件的轮廓线做往复运动，往复的幅度要适当大一些，以利于打磨平整，但不能做圆周运动打磨，打磨过程中需要经常用手触摸，感觉原子灰的平整度。打磨到原子灰基本平整即可，不要求光滑
更换 P180 砂纸打磨原子灰 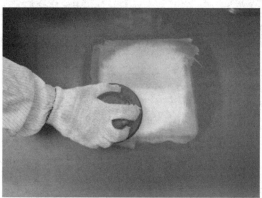 	（1）更换砂纸前，应在原子灰表面施涂碳粉指示剂，以便检查打磨效果。P180 砂纸较细，主要用来消除前面打磨中产生的砂纸痕及细小的缺陷。 （2）原子灰第三道打磨后，应达到平整光滑、无缺陷、无砂孔、边缘无接口、外表形状恢复原状等要求。（此时以手工打磨为宜，有利于对弧形面进行修正）。一般不采用垂直方向或斜方向打磨，若底材因具体情况需要采用垂直方向打磨，最后也要从水平方向打磨修整，防止垂直方向出现过粗的打磨痕迹。对底材的圆弧、凹角等不宜用手磨板打磨的地方，可用拇指夹住砂纸，四指平压于底材上，均匀地来回摩擦底材做修理打磨

作业内容及图示	技术规范及要求
更换 P240 砂纸精磨原子灰 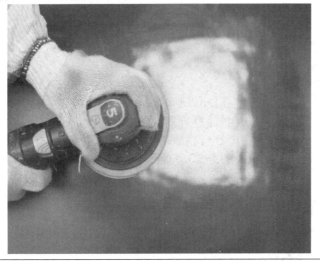	（1）更换砂纸前，应在原子灰表面施涂碳粉指示剂，原子灰的精磨可使用 P240 砂纸配合手磨板或打磨机进行，打磨原子灰的边缘及周边区域，使原子灰也呈现羽状边达到平滑。 （2）若在原子灰打磨过程中发现凹坑、砂孔，则应及时填补
更换砂纸进行整板打磨 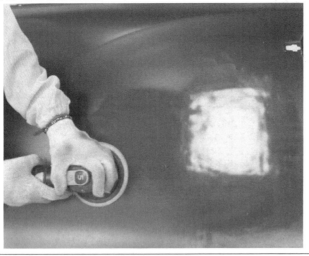	（1）为确保施工效率及质量，应根据工件表面原涂层的种类选择合适规格的砂纸进行中涂底漆喷涂前的打磨作业。 （2）当工件表面只有电泳底漆层时，可使用 P400 海绵砂纸或红色菜瓜布进行打磨；当工件表面为完整的旧涂层时，可使用 P240 砂纸进行打磨
手工打磨边角及易磨穿的筋线等区域 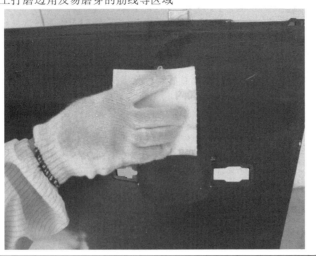	（1）选用 P400 海绵砂纸或红色菜瓜布手工研磨边角及易磨穿的筋线等区域。 （2）结束后仔细检查电泳底漆层的研磨情况，对未研磨彻底（有亮点、橘皮）的部位用红色菜瓜布等进行再次研磨，直至整个工件的电泳底漆层表面无亮点、橘皮

续表

作业内容及图示	技术规范及要求
对板件进行擦尘 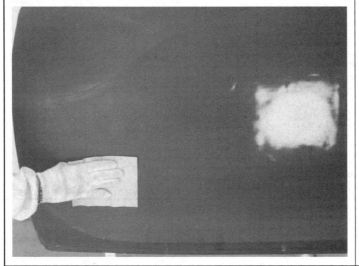	（1）检查确认打磨结果没有问题后，清洁打磨区域。 （2）工件表面粉尘过多，容易污染环境，需要先用除油布进行擦拭，去除大量灰尘后再进行吹尘处理，保证表面、边角除尘到位
更换防护用品 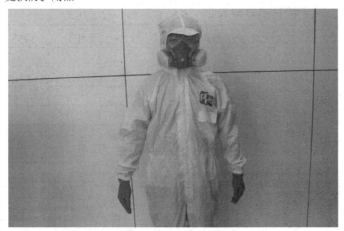	除尘后需要进行除油脱脂清洁，需要更换防护用品，按左图正确穿戴防护用品。 （1）防毒面具。 （2）乳胶手套。 （3）防护眼镜。 （4）工作服。 （5）安全鞋
对板件进行除油 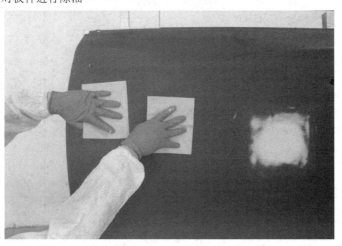	（1）方法一，使用两块除油布清洁，先用一块除油布蘸取除油剂，擦湿工件表面，然后用另一块干除油布擦干。 （2）方法二，先使用耐溶剂的塑料喷壶将除油剂喷涂到工件表面，然后用一块干除油布擦干。 （3）原子灰刮涂区域不需要除油，防止二次污染。按顺序从上到下、从内到外进行擦拭

续表

作业内容及图示	技术规范及要求
按照 6S 要求进行整理 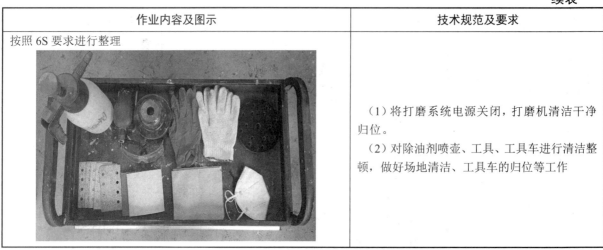	（1）将打磨系统电源关闭，打磨机清洁干净归位。 （2）对除油剂喷壶、工具、工具车进行清洁整顿，做好场地清洁、工具车的归位等工作

 ## 任务评价

本任务的评分表如表 2-13 所示。

表 2-13　原子灰打磨评分表

序号	项目	分值	技术要求/扣分要点	扣分	得分
1	个人安全防护	10	未按工序规范穿着工作服，扣 2.5 分		
			未按工序规范佩戴防护眼镜，扣 2.5 分		
			未按工序规范佩戴防尘口罩，扣 2.5 分		
			未按工序规范穿戴手套，扣 2.5 分		
2	原子灰打磨及整板打磨过程	10	原子灰干燥充分再打磨，黏砂纸（裁判需要用手指弹砂纸确认，有结块则扣分），一张砂纸扣 1 分		
			未使用打磨指示剂，扣 6 分		
	清洁板件	10	打磨后整体清洁不够、不除油，残留灰尘、 指示层，扣 10 分		
	原子灰打磨及整板打磨效果	30	① 磨穿至金属、底漆或清漆（原子灰周边裸露金属，不扣分；未漏金属，不扣分），正面最长边每 2cm 扣 1 分，第一折边每 5cm 扣 1 分。 ② 瑕疵未磨除，包括残留原子灰等，每点扣 2 分。 ③ 未磨除橘皮，正面、第一折边明显类橘皮，每 1cm（最长边）扣 1 分；不明显类橘皮，每 1cm（最长边）扣 0.5 分；筋线上橘皮按照明显类橘皮扣分，第一折边外侧不扣分		
3	原子灰平整度、原子灰砂眼、砂纸痕	30	区分明显或不明显，明显类：多个角度明显可见，无法交车，每 5cm×5cm 大小之内凹凸不平或存在原子灰砂眼、砂纸痕，每 5cm 长度之内存在一处原子灰印或砂纸痕，扣 5 分，面积大于 5cm×5cm 或长度大于 5cm 时按倍数扣分，扣完为止		
4	按照 6S 要求进行整理	10	工具没有放在地面上；使用完毕后，工具、工位未恢复原状；气管未归位。每种错误扣 2 分，扣完为止		
	分数合计	100			

操作时间：15 分钟　　　　　　　　　　　　　　　　　日期：　　年　　月　　日

拓展练习

一、判断题

1．原子灰打磨后，应该用除油剂清洁，避免附着力不佳。　　　　　　（　　　）

2．打磨原子灰时只能干磨，不能水磨，因为原子灰的吸水性很强。　　（　　　）

3．水磨原子灰时，残留水分不能很好地挥发，会导致漆膜起泡。　　　（　　　）

4．打磨原子灰主要是为了取得平整光亮的表面。　　　　　　　　　　（　　　）

5．机械打磨原子灰用的打磨机有双动作偏心距圆盘式和板式两种。　　（　　　）

6．打磨第一道原子灰一般采用双动作偏心距圆盘式打磨机。　　　　　（　　　）

7．原子灰第四道打磨使用 P240 砂纸配合手磨板。　　　　　　　　　（　　　）

8．原子灰主剂与固化剂配制后，隔日可再次使用。　　　　　　　　　（　　　）

9．打磨指示剂的目的是显示未打磨区域及砂眼，方便矫正。　　　　　（　　　）

10．原子灰层彻底干燥后即可打磨。　　　　　　　　　　　　　　　　（　　　）

二、选择题

1．手工打磨时，打磨的往复方向为（　　　）。

A．逆车身水平方向　　　　　　　　B．顺车身水平方向

C．圆周运动　　　　　　　　　　　D．以上都可以

2．请指出打磨指示剂的作用是（　　　）。

A．分辨不同颜色

B．可更容易地施喷面漆

C．打磨后有效地显现漆面的缺陷和打磨效果

D．提高光泽

3．打磨第一道原子灰时建议使用（　　　）。

A．80 号水磨　　　　　　　　　　　B．80 号干磨

C．180 号干磨　　　　　　　　　　 D．80～220 号干磨

4．原子灰未干燥彻底就进行打磨会导致（　　　）。

A．附着不良　　　 B．灰印　　　 C．失光　　　 D．以上都可以

5．原子灰打磨适当的工具是（　　　）。

A．单动作打磨机　　　　　　　　　B．轨道式振动打磨机或手磨板直线运动式打磨垫块

C．双动作打磨机　　　　　　　　　D．直角式打磨机

中涂底漆喷涂及打磨

📖 项目描述

在汽车修复中，中涂底漆是无机底材向有机面漆层过渡的一个夹层，内侧的双组份原子灰与中涂底漆有较强的直接结合力，可以填充原子灰的多孔表面，改善被涂车身表面和底漆的平整度，为面漆层创造良好的基底，提高面漆层的鲜映性、丰满度和抗石击性，以达到良好的防锈、耐腐蚀、耐油、耐水、耐化学性能及外观装饰效果。因此，中涂底漆喷涂的正确性将直接影响后序的流程和效果。当然，也有小部分汽车涂装行业采用干磨技术，一般通过汽车 4S 店配备的干磨操作系统来实现。干磨技术是未来汽车涂装行业发展的趋势和方向，利用干磨机进行打磨，使作业人员变得更轻松，作业效率更高；同时大量粉尘被吸走，减少了粉尘对作业人员的危害，保证了车间的环境整洁。

本项目设计了 4 个任务，分别为中涂底漆喷涂前遮蔽、中涂底漆喷涂、免磨中涂底漆整板喷涂、中涂底漆打磨。操作完毕后按照 6S 要求整理施工现场（工具设备复位，工位清洁，废弃物统一放置在规定的废弃物容器内），互相学习和交流相关专业知识技能方法，做到熟练掌握，灵活运用。

🧠 思考与成长

世界技能大赛有"技能奥林匹克"之称，在第 45 届世界技能大赛中，中国选手取得了优异的成绩，特别是在汽修领域，车身修理项目获得金牌，汽车技术项目获得银牌，汽车喷漆和重型车辆维修项目获得优胜奖。参加比赛的都是同学们的同龄人，学习背景相近，更有榜样作用。通过技能大赛案例培养学生的工匠精神、团队精神，以及精益求精、严谨认真的工作态度。

任务1 中涂底漆喷涂前遮蔽

 知识目标

1. 掌握中涂底漆喷涂前遮蔽的目的。
2. 掌握各类遮蔽材料的用途。
3. 掌握局部喷涂的遮蔽方法。

 技能目标

能使用遮蔽材料完成中涂底漆喷涂前遮蔽。

 案　例

　　一辆汽车右前车门受损,已进行钣金修复,按照维修的作业流程,需要转到涂装工位对受损车门进行涂装修复作业。根据质量要求,需要经过中涂底漆喷涂前遮蔽才能进行下一道工序,现要求对该汽车进行涂装修复过程中的中涂底漆喷涂前遮蔽。请你先对车门损伤部位进行清洁,然后根据工艺流程进行规范的中涂底漆喷涂前遮蔽。

➡ **相关知识**

常用遮蔽材料及用途

1. 遮蔽胶带

　　胶带在家庭中经常可以用到,所以其用途较广泛。遮蔽胶带用于将遮蔽纸粘贴于车身表面,如图3-1所示。由于使用的环境复杂,有的应用于炎热干燥的沙漠地区,有的则应用于寒冷潮湿的区域。因此,为了很好地完成涂装前的遮蔽工作,所选用的遮蔽胶带必须满足气候环境的变化,防止车间脏污和灰尘对漆面的影响。有些遮蔽胶带有专门的用途,如用于风干油漆面,而有些遮蔽胶带适合在烘干的情况下使用。

图3-1　遮蔽胶带

　　好的遮蔽胶带应具有较高的质量,如合适的黏度,既不能太强导致拆除困难,又不能太弱导致粘贴不牢固。遮蔽胶带应能很容易地粘贴到装饰条、铭牌、车窗密封条等处,并且应具有较好的伸展性，不影响所贴板件的强度和柔韧性。另外，遮蔽胶带还应具有良好的强度，在使用过程中不易断裂。同时，遮蔽胶带应具有良好的黏附性，在涂层出现收缩或温度变冷、变热时，不易脱落；在拆除遮蔽胶带后，不应有黏结剂留在板件表面。

遮蔽汽车时，正确的遮蔽方法和细心程度是高质量工作的基础。遮蔽前，所有表面如玻璃、装饰件、灯罩、保险杠等均应进行彻底清洗，并将灰尘全部吹除。在装饰条或其他部件上粘贴遮蔽胶带时，尽量不要拉伸遮蔽胶带。

高质量的遮蔽胶带应具有防水功能，并且在水磨时不脱落。市场上出售的遮蔽胶带有3mm、6mm、12mm、18mm、24mm、36mm、48mm 和 72mm 等多种尺寸。最常用的遮蔽胶带的尺寸为 6mm 和 18mm。

2. 遮蔽纸

遮蔽纸是一种耐溶剂的纸，喷涂时可保护较大面积的被覆盖部分不受涂料的影响。遮蔽纸一般制成 100cm、80cm、50cm 等不同宽度的纸卷，通过中间通孔装于专用的遮蔽纸机上。图 3-2 所示为一种常用的遮蔽纸机，该机器上装有不同宽度的遮蔽纸和不同规格的遮蔽胶带，可以很方便地将胶带按需粘贴到遮蔽纸的边缘。同时，机器上装有一个切刀，可以根据需要切断一定长度的遮蔽纸，从而有效地提高工作效率。

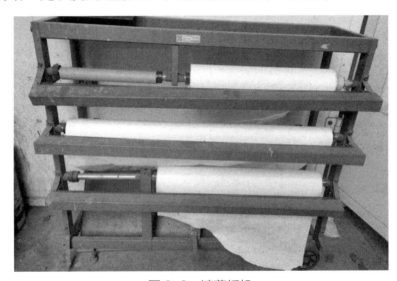

图 3-2　遮蔽纸机

还有一种经特殊处理的遮蔽纸，宽度有 8cm、15cm、23cm、30cm、38cm、46cm、69cm 和 91cm。这种遮蔽纸的一侧采用特殊材料处理，比另一侧亮，通常应把光滑明亮的一侧朝外。也有的遮蔽纸两侧均用树脂进行浸渍处理，具有较好的防渗透功能和防脏污功能，常用在基层和透明涂层的喷涂过程中。

3. 遮蔽膜

遮蔽膜具有干净、防渗漆、防水、体积小等优点，使用起来非常便捷，如图 3-3 所示。

遮蔽膜在汽车喷漆过程中展现出了明显的优势，包括提高喷漆质量、节省成本、提高工作效率以及更好的黏结性能。因此，选择遮蔽膜进行汽车喷漆遮蔽是较为理想的选择。

图 3-3　遮蔽膜

4．其他遮蔽材料

（1）车身罩。车身罩又称车衣，用于快速将整车遮盖，使用时只需将待施工部位露出，并进行必要的遮蔽（用遮蔽胶带及遮蔽纸等），如图 3-4 所示。

图 3-4　车身罩

（2）车轮罩。车轮罩按车轮外形设计制造，能够快速遮蔽车轮，如图 3-5 所示。

图 3-5　车轮罩

技能训练

一、所需的工具及材料

本任务所需的工具及材料如表 3-1 所示。

表 3-1　所需的工具及材料

类型	名称	规格/型号	图示
工具、材料	美工刀	大号	
	遮蔽纸机	—	
	吹尘枪	—	
	遮蔽纸	300mm、450mm	
	遮蔽胶带	12mm	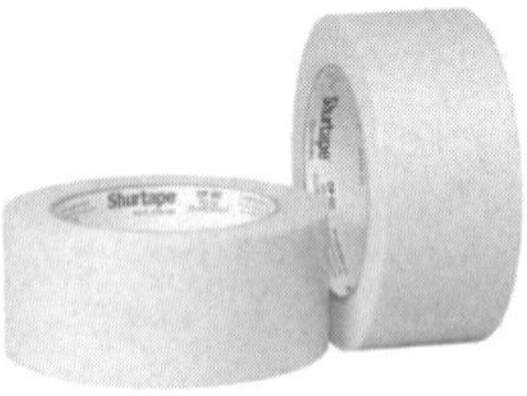
	遮蔽膜	50mm	

二、操作方法及步骤

本任务的操作方法及步骤如表 3-2 所示。

表 3-2　操作方法及步骤

作业内容及图示	技术规范及要求
正向遮蔽方法 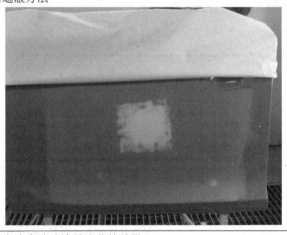	（1）用除油布将工件清洁干净，对于整板喷涂中涂底漆，不需要过渡平面，可以采用正向遮蔽方法。 （2）正向遮蔽方法是指遮蔽纸的外面朝外、里面朝里的一种遮蔽方法，这种方法在整喷时使用得最多，但对点修复或需要平滑过渡的喷涂则不适用，容易产生台阶
反向遮蔽方法 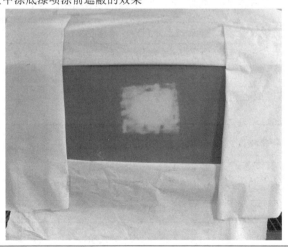	（1）反向遮蔽方法是指先将遮蔽纸盖在待喷涂的部位，再将遮蔽纸沿着固定的这一边翻转到非喷涂区域固定的一种遮蔽方法。 （2）遮蔽纸原来的里面朝外、外面朝里。这种方法可以减少台阶，让边界过渡平滑，这在局部喷涂中使用得非常多
检查中涂底漆喷涂前遮蔽的效果	（1）为了防止中涂底漆边缘有台阶，使后续的打磨需要花费更多的时间，增加打磨成本，遮蔽后要求遮蔽纸无松懈、遮蔽位置合理，非喷涂区域无裸露。 （2）中涂底漆喷涂前遮蔽应采用反向遮蔽方法，所谓反向遮蔽是指遮蔽纸由喷涂区域朝外反折，使遮蔽纸形成一个圆弧，以减少台阶

续表

作业内容及图示	技术规范及要求
清洁除油 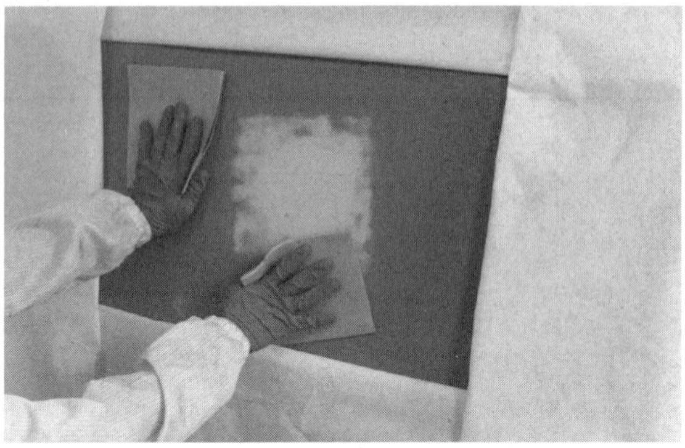	对需要喷涂中涂底漆的原子灰周围部位进行清洁除油，利用干湿结合的方法对打磨后的面板进行除油、清洁
按照 6S 要求进行整理 	（1）整理遮蔽纸，摆好遮蔽纸机，方便下次使用。 （2）同时整理好遮蔽胶带和遮蔽膜，放回原工位，工位复位

任务评价

本任务的评分表如表 3-3 所示。

表 3-3　中涂底漆喷涂前遮蔽评分表

序号	项目	分值	技术要求/扣分要点	扣分	得分
1	个人安全防护	10 分	未按工序规范穿着工作服，扣 5 分		
			未按工序规范佩戴防护眼镜，扣 5 分		
2	遮蔽纸裁剪	10 分	遮蔽纸裁剪时不合理，存在浪费，扣 10 分		
	正向遮蔽	30 分	选用正向遮蔽方法不正确、合理，扣 5～15 分		
			遮蔽过程中未遮蔽到位或有遗漏，扣 15 分		
	反向遮蔽	30 分	选用反向遮蔽方法不正确、合理，扣 5～15 分		
			遮蔽过程中未遮蔽到位或有遗漏，边缘过渡不合理，扣 5～15 分		
	车门缝隙遮蔽	15 分	缝隙条使用不得当，有遗漏或过遮蔽，扣 5～15 分		
3	按照 6S 要求进行整理	5 分	工作环境未清洁，设备工具未归位，扣 5 分		
分数合计		100 分			

操作时间：20 分钟　　　　　　　　　　日期：　　年　　月　　日

 拓展练习

一、填空题

1. 目前较为先进的遮蔽方法是采用_____、_____、_____和各种_____合理配合进行遮蔽。

2. 遮蔽纸的宽度一般不超过_____cm，因为大部分涂装维修作业都是维修 1～3 个板块。

3. 遮蔽胶带用于将遮蔽纸粘贴于车身表面，必须能耐_____的高温烘烤。

4. 遮蔽膜一般是由_____、_____等材料制成的很薄的薄膜，其宽度比遮蔽纸大，比较适用于大面积遮蔽。

5. 根据遮蔽位置大小选择合适宽度的_____，一次裁切合适长度的遮蔽纸，可提高_____。

二、判断题

1. 采用反向遮蔽方法时，应使用遮蔽胶带，不能使用遮蔽膜。 （　　）

2. 反向遮蔽方法一般在整板喷涂遮蔽时运用。 （　　）

3. 遮蔽时不得将遮蔽纸和遮蔽胶带粘贴到需要喷漆的表面。 （　　）

4. 喷涂前遮蔽可以使用报纸，报纸可防油漆渗透。 （　　）

5. 遮蔽纸经过防静电处理，能有效防止灰尘吸附和纸纤维脱落。 （　　）

6. 遮蔽膜一般是由聚乙烯、聚丙烯等材料制成的很薄的薄膜。 （　　）

7. 遮蔽纸使用时应做到表面平整，不应形成口袋状褶皱，以免喷涂时飞入漆尘，在后面喷涂时吹出而造成漆面污染。 （　　）

8. 使用遮蔽纸应将光滑的涂层朝内，以防油漆渗透。 （　　）

9. 使用遮蔽纸机裁剪遮蔽纸时，应先从有遮蔽胶带的一侧裁剪，避免裁剪过程中遮蔽胶带与遮蔽纸分离。 （　　）

10. 水性遮蔽膜的最大优点是可以直接用喷枪喷涂在需要遮蔽的部位上，方便高效。 （　　）

三、选择题

1. 喷漆前遮蔽无须喷涂的部位应选择不透漆、无纤维的（　　）。

A. 报纸　　　　　　　　　　　B. 农用地膜

C. 上单面有光竹浆纸　　　　　D. 包装纸

2. 选择遮蔽胶带的标准是不断条、高低温、（　　）、黏度适中、不开边。

A. 厚度大　　　B. 不残胶　　　C. 长度长　　　D. 价格最低

任务 2 中涂底漆喷涂

知识目标

1. 掌握中涂底漆的作用。
2. 掌握中涂底漆喷涂的方法。

技能目标

1. 能正确调配中涂底漆。
2. 能使用喷枪完成中涂底漆整板喷涂。
3. 能使用喷枪完成中涂底漆局部修复喷涂。

案 例

一辆汽车右前车门受损严重，已进行车门更换，按照维修的作业流程，需要转到涂装工位对新车门进行涂装修复作业，现要求对该车门进行涂装修复过程中的中涂底漆喷涂。根据质量要求，需要经过中涂底漆喷涂才能进行下一道工序，现在请你对车门进行中涂底漆喷涂。

相关知识

一、中涂底漆的作用

中涂底漆是用于底漆涂层与面漆涂层之间的底漆，常常称为"二道底漆"或"二道浆"。中涂漆层的主要作用：一是填补平整表面，二是防锈保护。

在钣金修复后填补的原子灰或复合油灰的部分、除锈后的金属表面、经修整的小伤痕，以及旧涂膜起细微褶皱的部位等，喷涂中涂底漆，填平微小的凹凸，通过打磨获得平整的表面，喷涂面漆。这样既可以提高面漆的附着力，减少溶剂向底层的渗透，又能提高涂膜的表面平整度和色泽。

中涂漆层还有覆盖作用。有褶皱的旧涂膜，如果直接喷涂面漆，会使旧涂膜溶解，打磨痕会渗透到表面，引起开裂、气孔等质量问题。先喷涂中涂底漆，形成涂膜层，可以抑制面漆溶剂向旧涂膜的渗透，避免出现质量问题。

二、中涂底漆的类型

由于面漆涂料的不同，与之配套使用的中涂底漆也应不同，中涂底漆的合理选用是避免涂装作业出现问题的关键。中涂底漆的品种很多，分类方法也有很多：根据涂料性质分为单组份中涂底漆和双组份中涂底漆；根据主要成膜物质分为硝基中涂底漆、环氧中涂底漆、聚氨酯中涂底漆等。

1．硝基中涂底漆

硝基中涂底漆为单组份涂料，是一种干燥迅速、易于打磨的中涂底漆，经打磨后表面平整光滑，但成膜较薄，适用于快干场合，以及装饰性要求不高、面积较小的非主要装饰面。

2．环氧中涂底漆

环氧中涂底漆一般为双组份涂料，其防锈性、附着力、填充性、耐溶剂性、机械强度好，但干燥较慢。既可以作为底漆使用，又可以作为中涂底漆使用，还可以作为底漆、中涂底漆二合一的底漆使用，主要用于有裸露金属的工件打底。

3．聚氨酯中涂底漆

聚氨酯中涂底漆为双组份涂料，其附着力、耐水性、耐热性、耐化学性好，填充能力强，干燥较快，打磨性能好，对面漆的保光性好，在汽车涂装修复中应用广泛。可用于各种底漆、原子灰及旧漆层之上。根据中涂底漆的不同颜色，有不同灰度的可调灰度中涂底漆。

当一个面漆颜色的灰度和中涂底漆颜色的灰度最接近时，面漆最容易遮蔽中涂底漆，这时面漆的用量最少，也就意味着喷涂次数减少，从而节省喷涂时间和闪干时间，总体的喷涂施工时间自然也就较短。所以采用和面漆相同灰度的中涂底漆是一个降低成本和提高效率的好方法。

目前，有涂料厂商开发了三种不同灰度的中涂底漆，可通过一定比例调配出七种不同灰度的中涂底漆，中涂底漆的调配比例如表 3-4 所示。另外，涂料厂商在面漆颜色配方系统中提供了该颜色的灰度，方便用户根据面漆颜色的灰度选择使用合适灰度的中涂底漆，如图 3-6 所示。图中的 SG01～SG07 为中涂底漆灰度，SG01～SG07 对应的圆内灰度即面漆灰度。

表 3-4　中涂底漆的调配比例

产品编号	SG01	SG02	SG03	SG04	SG05	SG06	SG07
P565-511	100	95	80	50	0	0	0
P565-510	0	5	20	50	100	99	92
P170-5670	0	0	0	0	0	1	8

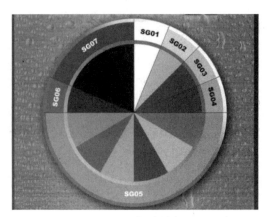

图 3-6　灰度选择

三、喷涂设备

1. 喷枪

常用的喷枪种类很多，用途各不相同，根据涂料的输送方式可分为重力式、吸力式及压送式三种。汽车涂装维修常用的喷枪是重力式和吸力式两种。重力式喷枪（见图 3-7）的枪壶安装在喷枪上部，所以通常称为上壶喷枪。吸力式喷枪（见图 3-8）的枪壶安装在喷枪下部，所以通常称为下壶喷枪。

图 3-7　重力式喷枪

图 3-8　吸力式喷枪

（1）喷枪的结构和原理。

无论哪种类型的喷枪，其结构和原理都基本相同，现主要介绍重力式喷枪的结构和原理。喷枪主要由枪体、气压调节旋钮、涂料流量调节旋钮、喷幅调节旋钮、扳机、风帽、枪针、喷嘴等组成，如图 3-9 所示。扣下扳机时，空气阀先开放，压缩空气经由压缩空气通道到达风帽各气孔并高速喷出，向下进一步扣下扳机时，喷嘴打开，涂料沿红色管道由喷嘴处喷出并雾化。风帽的作用是使压缩空气将涂料雾化成一定形状的漆雾。风帽（见图 3-10）上有 3 种孔，最中间为主雾化孔，两侧为辅助雾化孔，在侧面伸出部位的侧孔为扇幅控制孔。

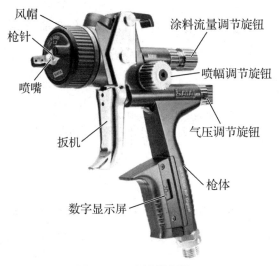

图 3-9　喷枪的结构

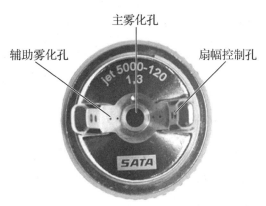

图 3-10　风帽

（2）喷枪的选用。

喷枪是中涂底漆喷涂的主要工具，要做好喷涂工作，保证喷涂质量，必须正确选用并维护好喷枪。因中涂底漆颗粒较面漆颗粒粗大，所以在喷涂中涂底漆时，选用的喷枪口径应比面漆喷枪口径大，一般可根据中涂底漆的类型、工件面积及需要喷涂的质量等因素选用 1.6～2.0mm 口径的喷枪。

（3）喷枪的控制。

扳机为喷枪的控制部件，分为两挡，第一挡为欲喷空气，第二挡流经喷嘴的油漆被空气雾化喷出。为了避免每次走枪结束时所喷出的涂料堆积，控制扳机的手指要略微放松一点，以减少供漆量。

（4）喷枪的基本操作方法。

要获得平整光滑、厚度均匀、光泽度较好的漆面，除了具备良好涂料质量、底漆基础，规格合适的喷枪及合适的外部环境等因素，还需要掌握正确的操作方法。对喷涂工作而言，要想获得良好的效果，正确的操作方法是非常重要的。在喷涂时必须注意以下几个方面。

① 喷涂距离。

正确的喷涂距离应与喷枪的类型、喷涂的气压、喷幅大小及涂料类型相配合，一般的喷涂距离为 15～25cm。如果喷涂距离过短，则涂料会堆积，产生流挂现象；如果距离过长，稀释剂挥发太多，会使飞漆增多，漆雾不能在工件表面成膜或涂膜粗糙无光。

② 喷枪与工件表面的角度。

喷枪与工件表面应永远保持垂直（90°），绝对不可由手腕或肘部做弧形的摆动。

③ 喷涂速度。

喷涂速度与涂料干燥速度、环境温度、涂料的黏度有关。速度太快，着色浅，会令油漆太干，表面粗糙并容易产生橘皮；速度太慢，着色深，涂层厚，较容易产生流挂现象。因此，喷涂速度除了取决于上述因素，还取决于油漆的类型。就一般喷涂而言，速度控制在 100cm/s 左右为宜。

④ 喷涂重叠角。

为了获得均匀的涂层，喷雾涂层的厚度应该均匀，正确的喷雾图形重叠幅度应为下一层与上一层重叠 1/2～2/3。

2. 烤漆房

烤漆房一般是用来喷涂和烘烤车漆的，因此，烤漆房最确切的描述应为"喷烤漆房"。现代汽车烤漆房国内外品牌的型号繁多，大致可归为通用型、中型和远红外三类，主要是配备标准不同。烤漆房如图 3-11 所示。

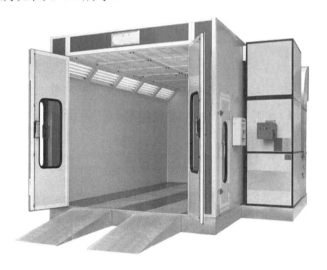

图 3-11　烤漆房

喷漆时，外部空气先经过初级过滤网过滤后由风机送到烤漆房顶部，再经过顶部过滤网二次过滤净化后进入烤漆房内。烤漆房内空气采用全降式，以 0.2～0.3m/s 的速度向下流动，使喷漆后的漆雾微粒不能在空气中停留，直接通过底部出风口被排出烤漆房外。这样不断地循环转换，使喷漆时烤漆房内空气清洁度达 98% 以上，且送入的空气具有一定的压力，可在汽车四周形成恒定的气流，以去除过量的油漆，从而最大限度地保证喷漆的质量。

烤漆时，将风门调至烤漆位置，热风循环，烤漆房内温度迅速升高到预定干燥温度（55～60℃）。风机将外部新鲜空气进行初过滤后，与热能转换器发生热交换送至烤漆房顶部的气室，经过第二次过滤净化。热风经过风门的内循环作用，除吸进少量新鲜空气外，绝大部分又被继续加热利用，使得烤漆房内温度逐步升高。当达到设定的温度时，燃烧器自动停止；当下降到设置的温度时，风机和燃烧器自动开启，使烤漆房内温度保持相对恒定。最后当烤漆时间达到设定的时间时，烤漆房自动关机，烤漆结束。

 技能训练

一、所需的工具及材料

本任务所需的工具及材料如表 3-5 所示。

表 3-5　所需的工具及材料

类型	名称	规格/型号	图示
防护用品	手套	乳胶	
	防毒面具	过滤式	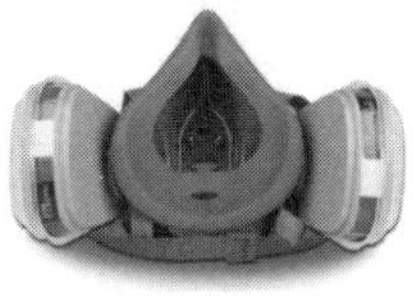
	防护眼镜	—	
工具、材料	底漆喷枪	1.6mm 口径	
	粘尘布	—	
	免洗喷壶	油性	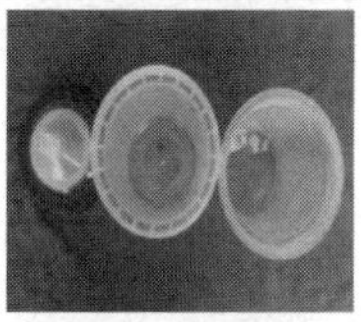
	中涂底漆	8214	
	自喷罐侵蚀底漆	P565-9085	

类型	名称	规格/型号	图示
工具、材料	固化剂	标准	
	稀释剂	标准	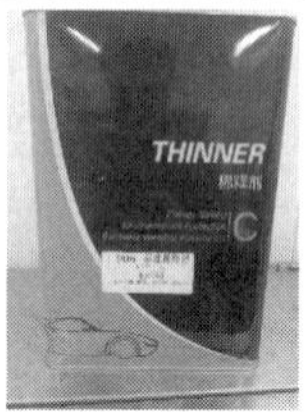
	除油布	—	
	红外线灯	—	
	电子秤	—	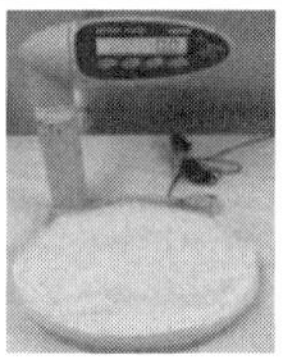

二、操作方法及步骤

本任务的操作方法及步骤如表 3-6 所示。

表 3-6　操作方法及步骤

作业内容及图示	技术规范及要求
正确穿戴防护用品 	按左图正确穿戴防护用品。 （1）防护眼镜。 （2）防毒面具。 （3）乳胶手套。 （4）喷漆服。 （5）安全鞋

续表

作业内容及图示	技术规范及要求
调配中涂底漆 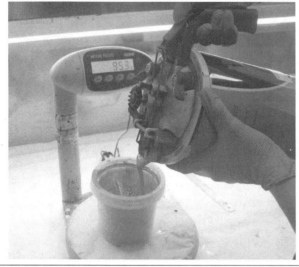	（1）充分搅拌桶内的中涂底漆，根据所需的量，将搅拌好的中涂底漆倒入调漆杯，按照混合比例依次倒入固化剂、稀释剂。 （2）根据中涂底漆产品说明书，确定中涂底漆的混合比例。例如，按照质量比为 $100g : 12.8g : (12.8 \sim 19.2)g$、体积比为 $2 : 1 : (1 \sim 1.5)$ 进行调配
将中涂底漆搅拌均匀 	（1）将中涂底漆与固化剂、稀释剂充分搅拌均匀，搅拌时调漆尺可以有意地沿壶壁上刮蹭，使壶壁上的油漆也充分搅拌均匀。中涂底漆很容易沉降，避免喷涂时堵塞喷枪。 （2）搅拌时应将免洗喷壶拿到桌面上搅拌，不要将其放置在电子秤上搅拌，以免压坏或污染电子秤
喷枪的选用 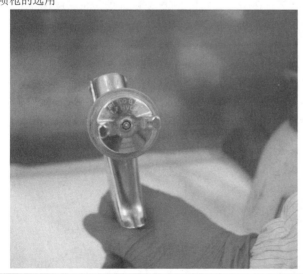	（1）选用口径为 $1.6 \sim 1.9mm$ 的重力式喷枪。 （2）把喷壶安装好，并检查是否安装到位，以免油漆洒漏

续表

作业内容及图示	技术规范及要求
调整出漆量 	中涂底漆整板喷涂时，可将出漆量调至 2～2.5 圈（使用 SATA 底漆喷枪），各品牌喷枪调整略有不同
调整喷幅 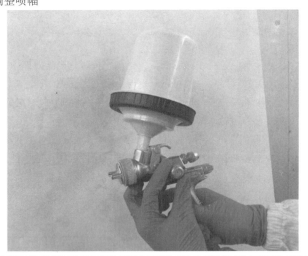	（1）中涂底漆整板喷涂时，可将喷涂扇面调整至最大或 3/4 开度。 　（2）注意：先调喷幅，再调喷涂气压
调整喷涂气压 	（1）中涂底漆整板喷涂时，调节气压调节旋钮将喷涂气压调整至 2bar。 　（2）严格按照涂料产品说明书所提供的喷涂参数调整喷枪的最佳喷涂气压

续表

作业内容及图示	技术规范及要求
测试喷枪，检查喷幅状况 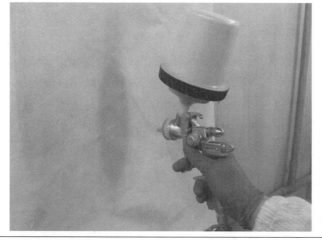	（1）当各参数调整好后，便可测试喷枪。通过测试喷枪观察喷枪调整是否正常及涂料的雾化效果是否达到最佳状态。 （2）若喷幅未达到最佳状态，则需要继续调节喷涂气压、出漆量、扇面等参数
对板件进行粘尘处理 	（1）先取出粘尘布再展开，粘尘时应先正面再边角，由上至下依次在工件上粘尘，避免二次污染。 （2）注意擦拭力度，防止在工件表面残留"黏"性物质
采用局部修复喷涂方法进行喷涂 第一遍局部修复喷涂 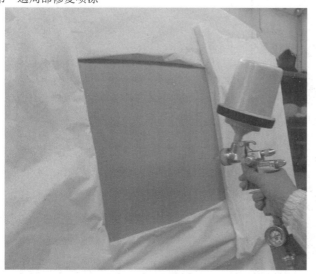	（1）汽车涂装维修时，通常刮涂原子灰平整的表面只是工件上的局部范围，当其他部位的旧漆质量良好时，中涂底漆只需在原子灰平整的部位局部修复喷涂。 （2）为了提高涂层的亲和力，避免产生不良反应，先将原子灰与旧涂层结合部位雾喷一层。 （3）第一遍喷涂时为了避免喷涂过厚，一般建议不要喷涂太湿，厚度以隐隐约约能看见下面的底材为宜，喷涂范围最好控制在羽状边范围内，特别注意不要喷到遮蔽纸边缘，避免产生明显的台阶

续表

作业内容及图示	技术规范及要求
第二遍局部修复喷涂 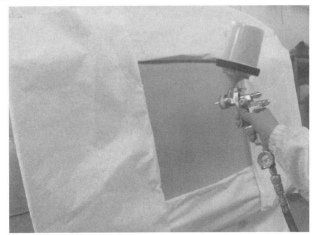	（1）待第一层充分闪干，涂层没有出现不良反应之后，将整个原子灰及原子灰周围区域薄喷一层，至半光泽状态。 （2）局部修复要按照从大到小的原则喷涂中涂底漆，以使后面涂层的漆尘落在上一层之上，减少打磨工作量
第三遍局部修复喷涂 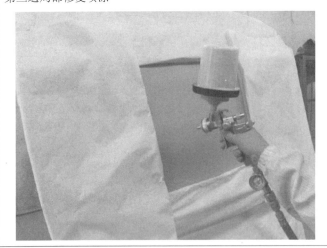	（1）待第二层涂料充分闪干，涂层没有出现不良反应之后，缩小喷涂范围，要小于第二遍喷涂范围，湿喷一层。 （2）三层喷涂完之后，一般情况下可以达到涂层所需的厚度。如果检查之后感觉厚度不够或还有很多细小的针孔及划痕等，还可以在第三层的基础上再湿喷1、2层。确保整个中涂底漆喷涂完之后，涂层饱满光滑、均匀平整，没有大的缺陷，边缘平滑等
采用整板喷涂方法进行喷涂 补喷侵蚀底漆 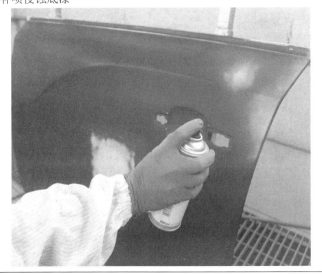	（1）对于新的车身板件，需要进行中涂底漆整板喷涂。 （2）喷涂侵蚀底漆时喷嘴应距离工件15cm左右，喷涂1、2次，覆盖裸露的金属即可。 （3）使用前要摇匀自喷罐侵蚀底漆，先试喷，确保其雾化效果良好，再喷涂板件。打磨至出现金属才可以喷涂

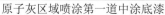

续表

作业内容及图示	技术规范及要求
原子灰区域喷涂第一道中涂底漆 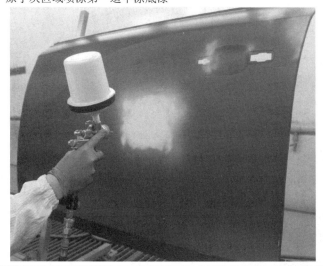	（1）在原子灰区域喷涂一道中涂底漆，喷涂范围需要完全覆盖原子灰区域。 （2）喷涂距离为 20～25cm，喷涂速度为 40～60cm/s，重叠扇面为 1/2～2/3，喷涂后表面无湿润感，能透过中涂漆层隐约看到底层
原子灰区域喷涂第二道中涂底漆 	（1）第一道喷涂后可不闪干，直接喷涂第二道中湿层，中湿层的喷涂范围应略大于第一道雾喷层的范围。 （2）中湿层喷涂后，表面应有湿润感，并将底层完全遮蔽，喷涂时应适当运用"挑枪"手法，避免边缘过厚产生台阶
整板喷涂第一道中涂底漆（薄喷层） 	（1）原子灰区域可不做薄喷层，喷涂前需要等待上一道中涂底漆闪干（待上一道原子灰区域的中湿层干燥至哑光状态）。 （2）薄喷的目的是提高中涂底漆层与旧涂层的附着力，同时防止产生鱼眼等缺陷

作业内容及图示	技术规范及要求
整板喷涂第二道中涂底漆（中湿层） 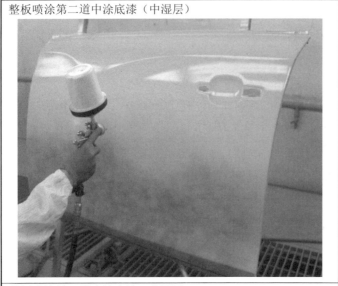	（1）雾喷后可不闪干，直接喷涂中湿层（包括原子灰区域）。喷涂后整个工件表面应有湿润感，能看见比较清晰的灯管影子。 （2）喷涂时，可先喷涂边角，再喷涂正面
整板喷涂第三道中涂底漆（全湿层） 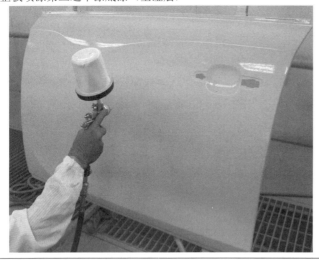	（1）必须等上一道中涂底漆层彻底闪干（20℃时，闪干约 5min）后才可喷涂，否则容易产生针孔、痱子、溶剂泡等缺陷。 （2）喷涂后整个工件表面应比上一道中涂底漆更湿润，能清晰地看见灯管影子。注意：不要喷涂过厚，容易产生流挂现象
检查整板喷涂后的效果 	（1）打磨型中涂底漆喷涂后无漏喷、咬底、流挂现象。 （2）表面越光滑越容易打磨至符合喷涂面漆的要求；表面越粗糙越难打磨

续表

作业内容及图示	技术规范及要求
闪干至哑光状态 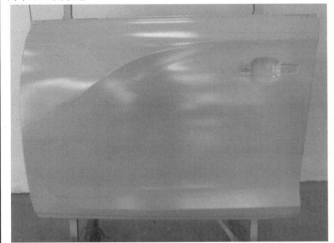	烘烤前必须先进行闪干，以防涂膜产生气泡、痱子等缺陷。5～10min 后，因环境、风速、温度而改变
烘烤中涂底漆 	（1）如果是局部修复喷涂，先把遮蔽纸移走再烘烤。 （2）为了加快施工进度，使用短波红外线灯烘烤15min 左右即可烤干中涂底漆
按照 6S 要求进行整理 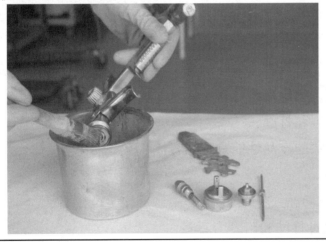	（1）关闭烤漆房设备电源，清洗喷枪，整理喷涂设备和喷涂材料。 （2）将喷枪的枪针、风帽、喷嘴拆卸，用稀释剂彻底清洗，并用气枪吹干。清洗喷枪时，需要穿戴防护用品，包括喷漆服、工作鞋、防护眼镜、防毒面罩、乳胶手套

任务评价

本任务的评分表如表 3-7 所示。

表 3-7　中涂底漆喷涂评分表

序号	项目	分值	技术要求/扣分要点	扣分	得分
1	个人安全防护	10	未按工序规范穿着喷漆服，扣 2.5 分		
			未按工序规范佩戴防护眼镜，扣 2.5 分		
			未按工序规范佩戴防毒面具，扣 2.5 分		
			未按工序规范穿戴手套，扣 2.5 分		
2	喷涂前清洁板件	8	未正确清洁板件（要求两块除油布，一块喷上除油剂擦湿表面，立即用另一块擦干），扣 4 分；未除油，扣 6 分。 未正确使用粘尘布（需要充分展开再折叠后粘尘），扣 2 分		
	防锈	7	对露金属区域未使用环氧底漆或侵蚀底漆，扣 7 分		
	底漆喷涂	20	① 未合理闪干后喷涂下一层（表面需要呈现哑光状态），扣 10 分。 ② 未在限量中涂底漆内完成喷涂，扣 5 分。 ③ 喷涂过程中打磨或缺陷补喷，扣 5 分		
	表面缺陷	50	流挂、漏喷、咬底，边角或轮眉位置每 5cm 长为一处，其他位置以 5cm×5cm 范围为一处，每处扣 5 分		
3	按照 6S 要求进行整理	5	工具没有放在地面上；使用完毕后，工具、工位未恢复原状；气管未归位。每种错误扣 1 分，扣完为止。出现摔落喷枪、洒漏油漆等严重失误，扣 5 分		
	分数合计	100			

操作时间：30 分钟　　　　　　　　　　　　　　　　　　日期：　　年　　月　　日

拓展练习

一、判断题

1. 汽车修复用中涂底漆的填充性和打磨性是由体质颜料提供的。　　　　（　　　）

2. 硝基中涂底漆的防锈性好，干燥快，容易施工。　　　　　　　　　（　　　）

3. 进行中涂底漆喷涂时，先在修复涂膜边缘交界部位进行薄喷，使旧涂膜与原子灰的交界面溶接。　　　　　　　　　　　　　　　　　　　　　　（　　　）

4. 中涂底漆喷涂结束后，无须静置，可以直接进行烘烤、打磨。　　　（　　　）

5. 喷涂技术与喷涂速度、喷涂距离、喷涂路线等有关。　　　　　　　（　　　）

6. 所有底漆和中涂底漆都能填补砂眼和打磨。　　　　　　　　　　　（　　　）

7. 底漆或中涂底漆的产品性能与面漆的产品性能具有相容性和互补性。（　　　）

二、选择题

1. 关于底漆的叙述，错误的是（　　　）。

A. 底漆的作用在于改善漆膜的耐腐蚀性能和附着力

B. 磷化底漆可以改善漆膜附着力和防锈性

C．所有类型的底漆都适用于各类不同的金属表面

2．下列有关在修复用的中涂底漆涂料叙述中正确的是（　　　）。

A．不需要考虑旧涂层材料　　　　　　B．要根据旧涂层而定

C．做好封底漆就可以　　　　　　　　D．考虑遮蔽力

3．下列哪一项不是中涂底漆具备的功能？（　　　）

A．提供底漆与面漆的附着力　　　　　B．提供轻微填充性

C．提供面漆的防水性　　　　　　　　D．为旧漆面提供填充和封隔性

4．硝基中涂底漆含颜料多，在使用时（　　　）。

A．注意适宜的温度　　　　　　　　　B．应彻底搅拌

C．要黏度合适　　　　　　　　　　　D．选择合适的湿度

5．中涂底漆喷涂结束后，静置（　　　）min，使中涂底漆留有充分闪干时间。

A．5～15　　　　　　B．5～10　　　　　　C．15～20

任务 3　免磨中涂底漆整板喷涂

 知识目标

1．掌握免磨中涂底漆材料的知识。

2．掌握免磨中涂底漆整板喷涂的方法。

 技能目标

1．能使用喷枪完成免磨中涂底漆喷涂。

2．能打磨去除免磨中涂底漆表面尘点颗粒、边缘粗糙漆尘等缺陷。

 案　例

　　一辆汽车右前车门受损严重，已进行板件更换，按照维修的作业流程，需要喷涂免磨中涂底漆。根据质量要求，需要经过免磨中涂底漆整板喷涂才能进行下一道工序，现要求对该汽车进行涂装修复过程中的免磨中涂底漆整板喷涂。请你先对板件进行粘尘，然后根据工艺流程进行规范的免磨中涂底漆整板喷涂。

 相关知识

一、免磨中涂底漆的特点

免磨中涂底漆具有极好的流平性，可提供一定时日内无须研磨即可喷涂面漆的施工工艺，切实优化修复工艺，大大提高维修效率。

由于免磨中涂底漆的填充效果不如研磨中涂底漆，因此，适用于新件喷涂或小面积填原子灰的修复作业，在喷涂前要对原子灰用 P320 砂纸进行细磨；大面积填原子灰修复的板件不建议采用免磨中涂底漆。

二、免磨中涂底漆的作用

（1）能牢固地附着在物体表面，增强物体表面与面漆等之间的附着力。

（2）可以隔绝或阻止金属表面与空气、水分及其他腐蚀介质的直接接触，起到保护作用。即使面漆层被破坏，金属也不至于很快生锈。

技能训练

一、所需的工具及材料

本任务所需的工具及材料如表 3-8 所示。

表 3-8　所需的工具及材料

类型	名称	规格/型号	图示
防护用品	手套	乳胶	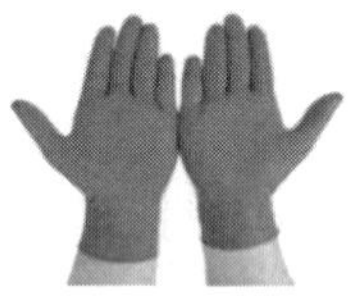
	防毒面具	过滤式	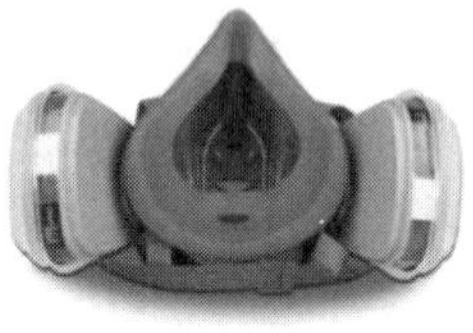
	防护眼镜	—	

续表

类型	名称	规格/型号	图示
工具、材料	底漆喷枪	1.4mm 口径	
	粘尘布	—	
	免洗喷壶	油性	
	免磨中涂底漆	P565-5605、5601	
	固化剂	P210-8430	
	稀释剂	P850-1492	
	除油布	—	
	自喷罐侵蚀底漆	P565-9085	
	电子秤	—	

二、操作方法及步骤

本任务的操作方法及步骤如表 3-9 所示。

表 3-9　操作方法及步骤

作业内容及图示	技术规范及要求
正确穿戴防护用品 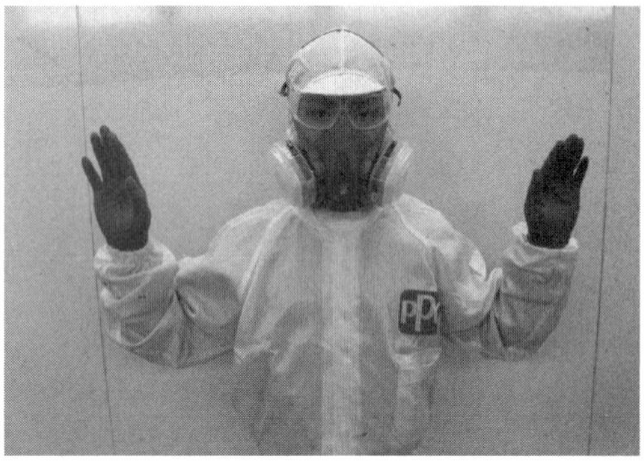	按左图正确穿戴防护用品。 （1）防护眼镜。 （2）防毒面具。 （3）乳胶手套。 （4）喷漆服。 （5）安全鞋
启动搅拌机 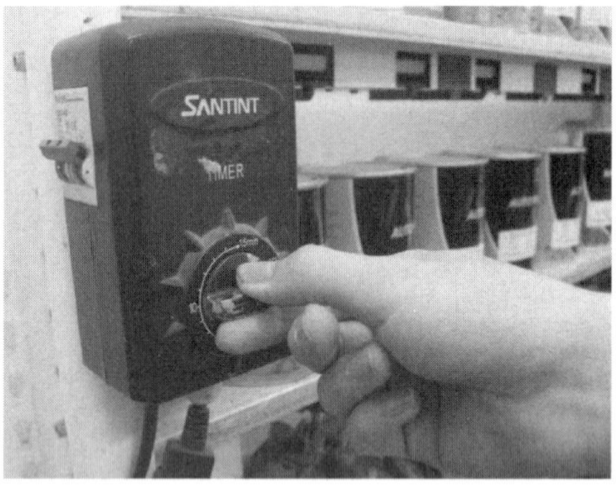	在调配免磨中涂底漆前先启动搅拌机搅拌中涂底漆，搅拌时间为 15～20min，将中涂底漆搅拌均匀再进行调配
根据面漆颜色选择对应的中涂底漆灰度 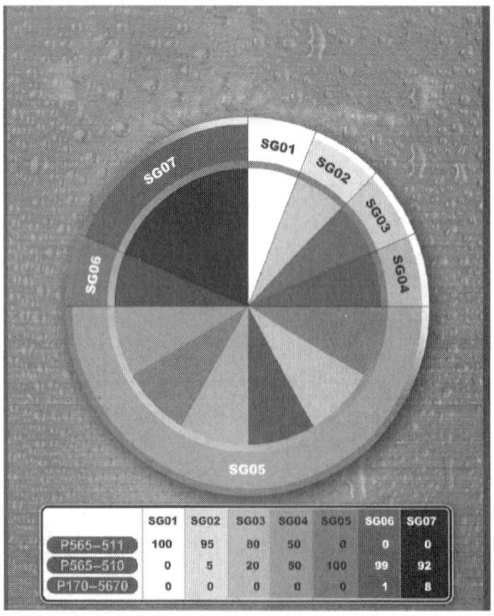	根据面漆灰度选择合适灰度的中涂底漆，通过一定比例可以调配出其他 7 种灰度的免磨中涂底漆

	SG01	SG02	SG03	SG04	SG05	SG06	SG07
P565-511	100	95	80	50	0	0	0
P565-510	0	5	20	50	100	99	92
P170-5670	0	0	0	0	0	1	8

续表

作业内容及图示	技术规范及要求
根据需求倒入中涂底漆 	（1）倒入中涂底漆之前要先放置新的内胆。喷壶外壳上有刻度，可以根据喷涂的面积选择倒入的底漆量，以免造成浪费。 （2）以此次喷涂车门为例，只需160g左右的底漆便可达到良好的光泽及纹理的要求。若用量过多，涂层过厚，不仅会延长闪干时间，还会产生流挂现象，影响最终效果
按比例加入固化剂、稀释剂 	（1）按照混合比例，依次倒入固化剂、稀释剂。 （2）根据中涂底漆产品说明书，确定底漆的混合比例。参考质量比为100g : 35.4g : (16.4～29.3)g、体积比为2 : 1 : (0.5～1)进行调配
选用合适的喷枪 	（1）选用合适的喷枪口径对喷涂雾化效果起着重要的作用，中涂底漆产品中的填料、颜料的颗粒较大，需要选用口径为1.4mm的重力式喷枪。 （2）安装风帽时，使气孔与枪体垂直，并检查喷枪各连接件是否连接完好

作业内容及图示	技术规范及要求
将装有中涂底漆的免洗喷壶装在喷枪上 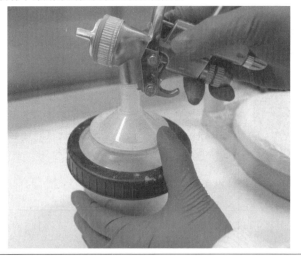	（1）左手固定喷壶，右手倒握喷枪，将螺纹口对准后，喷枪朝顺时针方向旋转。 （2）在安装喷壶时，不可将喷壶倒过来，否则底漆会渗出来。在旋转喷枪时，只需将喷壶卡位与喷枪卡位相互卡住，不可用力旋转
调节出漆量 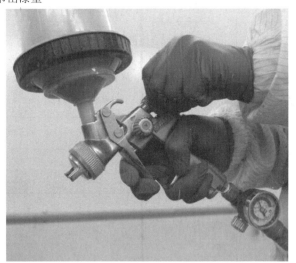	（1）调节涂料流量调节旋钮可调节适用不同喷雾形状所需的涂料流量（出漆量）。拧紧旋钮，出漆量减小；拧松旋钮，出漆量增大。 （2）整板喷涂时，可将出漆量调至2～2.5圈。局部修复喷涂时，可以根据具体情况适当地减小出漆量。 （3）调节好出漆量后需要将锁止螺母旋紧，避免在喷涂过程中不小心碰到涂料流量调节旋钮导致出漆量发生变化
调节喷涂扇面 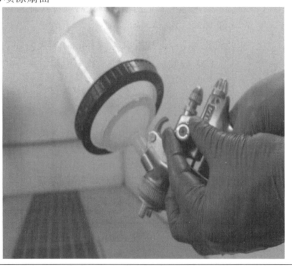	（1）调节喷涂扇面时，将喷幅调节旋钮旋紧到最小，可使喷涂扇面的直径变小，喷涂到板件上的形状呈圆形；将喷幅调节旋钮完全打开，可使喷涂扇面变成宽的椭圆形。 （2）整板喷涂时，可将喷涂扇面调整至最大或3/4开度。局部修复喷涂时，可以根据喷涂面积适当调小喷涂扇面

续表

作业内容及图示	技术规范及要求
调节喷涂气压 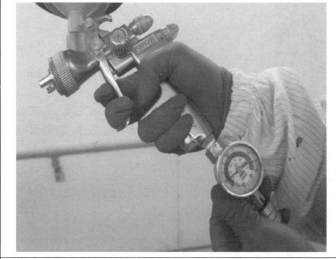	（1）严格按照涂料产品说明书所提供的施工参数调整喷枪的最佳喷涂气压。最佳喷涂气压是指能使涂料获得最好雾化效果的最低空气气压。 （2）整板喷涂时，调节气压调节旋钮将气压调整至 2bar
测试喷枪，检查喷幅状况 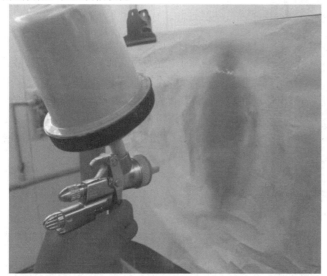	（1）当喷涂各参数调整好后，便可测试喷枪。通过测试喷枪观察喷枪调整是否正常及判断涂料的雾化效果是否达到最佳状态。 （2）若喷幅未达到最佳状态，则需要继续调节喷涂气压、出漆量、喷涂扇面等参数
对板件进行粘尘 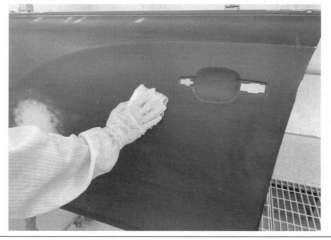	（1）在使用粘尘布前，需要先将其完全展开，再对折至合适大小的方形，不得有硬边、线头外露等情况。 （2）粘尘时应先正面后边角，由上至下依次在工件上粘尘，擦拭力度适当，避免在工件上留下"黏"性物质

作业内容及图示	技术规范及要求
补喷侵蚀底漆 	（1）喷涂侵蚀底漆时喷嘴应距离工件 15cm 左右，喷涂 1、2 次，覆盖裸露的金属即可。 （2）使用前要摇匀自喷罐侵蚀底漆，先试喷，确保其雾化效果良好，再喷涂板件。打磨至出现金属才可以喷涂
原子灰区域喷涂第一道中涂底漆（雾喷层） 	（1）在原子灰区域雾（薄）喷一道中涂底漆，喷涂范围需要完全覆盖原子灰区域。 （2）喷涂距离为 20～25cm，喷涂速度为 40～60cm/s，重叠扇面为 1/2～2/3 进行喷涂，喷涂后表面无湿润感，能透过中涂底漆层隐约看到底层
原子灰区域喷涂第二道中涂底漆（中湿层） 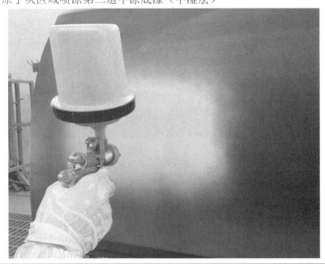	（1）第一道雾喷层可不闪干，直接喷涂第二道中湿层，中湿层的喷涂范围应略大于第一道雾喷层的范围。 （2）中湿层喷涂后，表面应有湿润感，并将底层完全遮蔽，喷涂时应适当运用"挑枪"手法，避免边缘过厚产生台阶

续表

作业内容及图示	技术规范及要求
整板喷涂第一道中涂底漆（薄喷层） 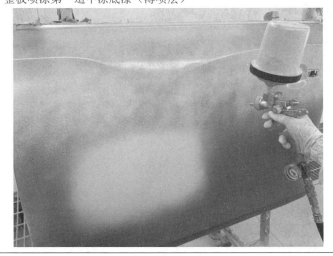	（1）原子灰区域可不做薄喷层。喷涂前需要待上道中涂底漆闪干（待上道原子灰区域的中湿层干燥至哑光状态）。 （2）薄喷的目的是提高中涂底漆层与旧涂层的附着力，同时防止产生鱼眼等缺陷
整板喷涂第二道中涂底漆（全湿层） 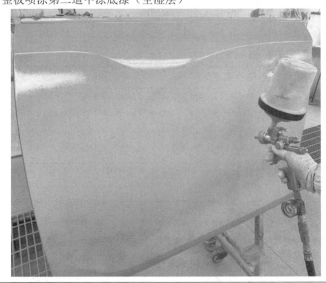	（1）雾喷后可不闪干，直接喷涂中湿层（包括原子灰区域）。喷涂后整个工件表面应有湿润感，能看见比较清晰的灯管影子。 （2）喷涂时，可先喷涂边角，再喷涂正面
检查喷涂后效果 	喷涂后无流挂、露底等缺陷

续表

作业内容及图示	技术规范及要求
按照6S要求进行整理 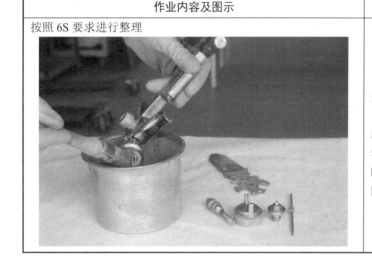	（1）工作完毕后应及时切断气源，并清理现场，设备工具归位，恢复原状。 （2）需要将喷枪的枪针、风帽、喷嘴拆卸，用稀释剂彻底清洗，并用气枪吹干。把需要润滑的零件添加润滑油后，将喷枪重新组装。清洗喷枪时，应当穿戴防护用品，包括喷漆服、安全鞋、防护眼镜、防毒面罩、乳胶手套

 任务评价

本任务的评分表如表3-10所示。

表3-10 免磨中涂底漆整板喷涂评分表

序号	项目	分值	技术要求/扣分要点	扣分	得分
1	安全防护	5	防护眼镜、安全鞋、喷漆服、防尘口罩、防毒面具、耳塞和防溶剂手套，整个操作过程中有一项防护用品穿戴错误或未穿戴，不得分；短时间摘除防护眼镜检查工件或擦干净防护眼镜，不扣分		
2	粘尘	10	喷涂前，工件或架子上有残留研磨灰尘（裁判可戴乳胶手套指触确认），每5cm×5cm扣1分		
			不粘尘，扣5分；新的粘尘布未充分展开后再叠起来或团起来粘尘，扣2分		
3	喷涂过程	20	① 对裸露金属区域使用自喷罐防锈底漆修复，遗漏1片扣1分。② 喷涂过程中出现打磨、擦除，使用吹风枪或喷枪吹底漆漆面等不规范操作，每次扣2分		
4	喷涂效果	60	出现外侧、流挂、露底等现象，每处扣10分，产生鱼眼、痱子等缺陷，每种扣5分		
5	按照6S要求进行整理	5	工具没有放在地面上；使用完毕后，工具、工位未恢复原状；气管未归位。每种错误扣1分，扣完为止。出现摔落喷枪、洒漏油漆等严重失误，扣5分		
	分数合计	100			

操作时间：30分钟   日期：   年   月   日

 拓展练习

一、判断题

1. 喷枪的喷嘴和风帽是雾化的关键。   （   ）

2．喷枪的风帽中心气孔堵塞会使喷枪喷不出涂料。　　　　　　　　（　　）

3．免磨中涂底漆具有极好的流平性，可提供一定时日内无须研磨即可喷涂面漆的施工工艺，切实优化修复工艺，大大提高维修效率。　　　　　　　　（　　）

4．喷涂流痕中间长两边短，说明出漆量大、气压高，应调节针塞调节螺钉。（　　）

5．喷涂技术与喷涂速度、喷涂距离、喷涂路线等有关。　　　　　　（　　）

二、选择题

1．中涂底漆应具有的特性是（　　　　）。

A．耐磨性　　　　　　B．填充性　　　　　　C．丰满度　　　　　　D．配套性

2．喷枪风帽上的辅助气孔起到的作用是促进（　　　　）。

A．吸出涂料　　　　　B．涂料雾化　　　　　C．涂料流量

3．目前采用比较普遍的喷涂方法是（　　　　）。

A．纵行重叠喷涂法　　　　　　　　　　B．横行重叠喷涂法

C．纵横交替喷涂法

4．喷涂层的厚度需要喷涂技巧，关于喷枪的喷涂量，下列叙述正确的是（　　　　）。

A．取决于喷涂扇面的大小　　　　　　B．与稀释剂的类型无关

C．与喷涂距离有关　　　　　　　　　D．与喷枪的工作压力有关

5．涂装时，喷出的喷雾流向应尽量与物体表面的方向（　　　　）。

A．垂直　　　　　　B．成35°　　　　　　C．成45°　　　　　　D．成55°

任务 4　中涂底漆打磨

知识目标

1．掌握中涂底漆打磨的目的。

2．掌握中涂底漆打磨的方法。

技能目标

1．能正确地选用打磨机、干磨砂纸。

2．能使用打磨机、手磨板及干磨砂纸完成中涂底漆打磨。

案　例

一辆汽车的右前车门受损，需要进行喷漆，对车门进行防锈处理、刮涂原子灰，以及

打磨、喷涂中涂底漆、中涂底漆打磨操作恢复原状等作业。其表面做过了中涂底漆喷涂，接下来我们一起学习中涂底漆打磨。

 相关知识

一、中涂底漆打磨的目的

中涂底漆干燥后，表面虽然已经比较光滑平整，但鉴于施工的最终要求，仍需要对中涂底漆进行精细打磨，特别是原子灰施工区域和喷涂过程中产生的缺陷，更需要处理妥当。

二、机械打磨

机械打磨经常采用偏心距为 3mm 的双动作圆盘式打磨机或轨道式打磨机，轨道式打磨机比双动作圆盘式打磨机的速度慢，操作比较简单。不论使用哪种打磨机打磨，都不用施加太大的力在板件上，只需稍用点力沿车身表面移动。如果用力过大，砂纸痕就会过深。

三、手工打磨

在手工打磨时，对于边角部位及凹凸不平的弧度位置，应选用 P800 海绵砂纸或灰色菜瓜布进行精细打磨，不建议进行水磨。

四、中涂底漆打磨时的注意事项

确保表面已经打磨光滑且打磨边缘呈羽状、无台阶；确保表面无砂眼、砂纸痕等缺陷，无裸露原子灰、金属。如果中涂底漆表面过度打磨，导致有原子灰或金属露出，那么面漆的光泽会由于原子灰吸收涂料而受到影响，涂膜的防锈性能也达不到要求。对于裸露金属的部位，需要施涂环氧底漆或磷化底漆及中涂底漆；对于裸露原子灰的部位，需要施涂中涂底漆。

技能训练

一、所需的工具及材料

本任务所需的工具及材料如表 3-11 所示。

表 3-11 所需的工具及材料

类型	名称	规格/型号	图示
防护用品	防尘口罩	N95	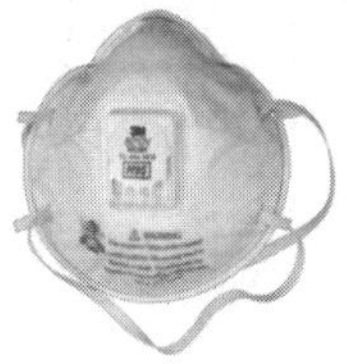
	手套	棉纱	
		乳胶	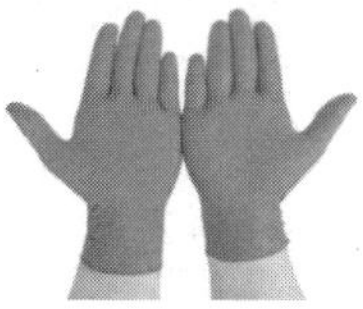
	防毒面具	过滤式	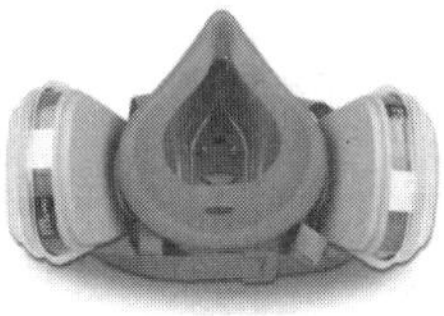
	防护眼镜	—	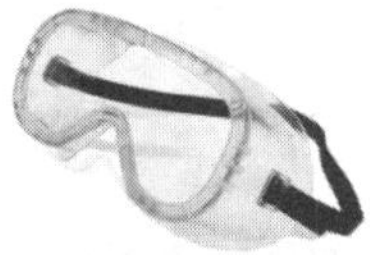
工具、材料	打磨机	3 号	
	干磨砂纸	P320、P400、P500	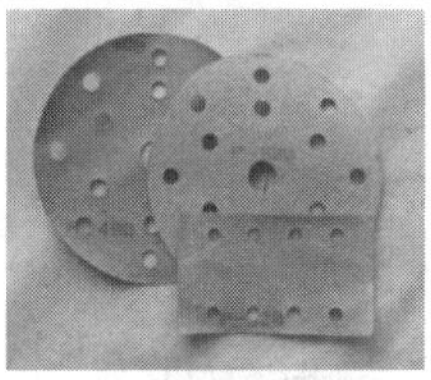
	手磨板	75mm×125mm	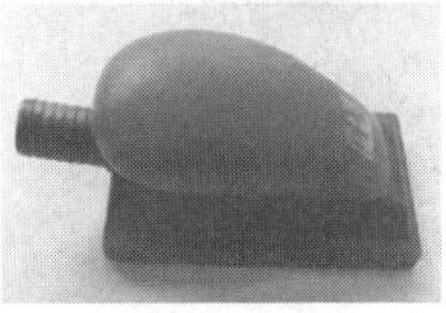
	碳粉指示剂	—	

类型	名称	规格/型号	图示
工具、材料	海绵砂纸	P800	
	除油布	—	
	除油剂	802	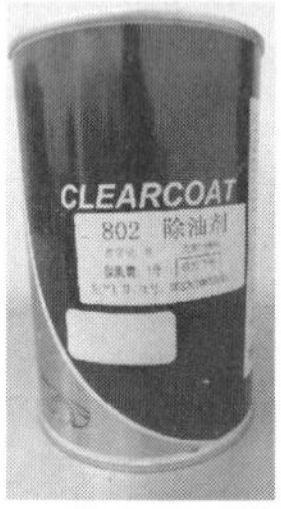

二、操作方法及步骤

本任务的操作方法及步骤如表3-12所示。

表3-12　操作方法及步骤

作业内容及图示	技术规范及要求
正确穿戴防护用品 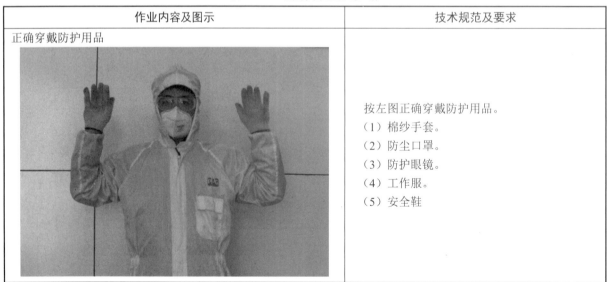	按左图正确穿戴防护用品。 （1）棉纱手套。 （2）防尘口罩。 （3）防护眼镜。 （4）工作服。 （5）安全鞋

续表

作业内容及图示	技术规范及要求
施涂碳粉指示剂 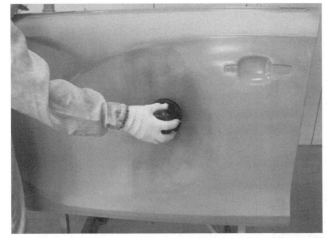	（1）在中涂底漆表面施涂碳粉指示剂。 （2）要求均匀施涂碳粉指示剂，不可涂得太厚，薄薄地遮蔽底漆即可
选用合适的砂纸 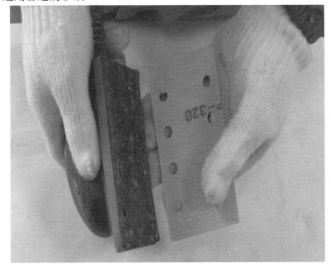	（1）对于中涂底漆纹理较粗的区域、原子灰区域，先使用手磨板进行局部手工打磨。 （2）使用手磨板配合 P240～P320 砂纸，对原来喷涂原子灰的区域进行整平，打磨消除缺陷。若中涂底漆表面比较平整光滑，则可直接使用 P320 砂纸进行打磨。 （3）P320 砂纸容易磨穿中涂漆，使用时一定要注意打磨的程度，避免过度打磨
先打磨原子灰区域的中涂底漆 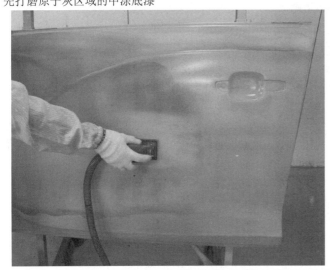	（1）先将吸尘开关开起至连续吸尘挡位，此时吸尘管会连续吸尘。 （2）打磨范围要大于原子灰区域，边打磨边观察，直到平整。 （3）使用手磨板进行打磨时需要注意与整个板件完全贴合，不得大角度打磨

作业内容及图示	技术规范及要求
对打磨后的原子灰区域再次施涂碳粉指示剂 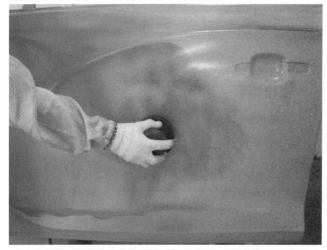	（1）在原子灰区域再施涂碳粉指示剂，有利于观察打磨的程度，指示层被磨掉的部位为高点，而未被磨掉的部位为低点。 （2）要求挤压碳粉指示剂盒时，不宜太用力，均匀涂抹
选用 3 号打磨机 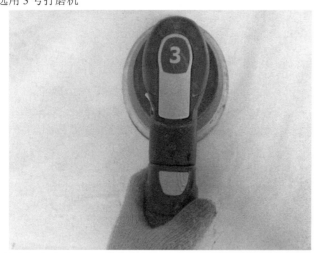	（1）选用偏心距为 3mm 的双动作打磨机，因切削力较小，打磨盘材质较软，打磨效果符合面漆预处理的要求。 （2）注意：不要选用 5 号打磨机，5 号打磨机的偏心距较大，不易控制
安装打磨软垫 	（1）将打磨软垫粘在打磨盘上。使用打磨软垫能使砂纸更好地贴合在工件表面，增大砂纸与工件的接触面积，从而降低磨穿中涂底漆的风险。 （2）在装配时，打磨软垫的吸气孔一定要和打磨机的吸气孔一致，否则在打磨时打磨机吸不了粉尘

续表

作业内容及图示	技术规范及要求
选择合适的干磨砂纸 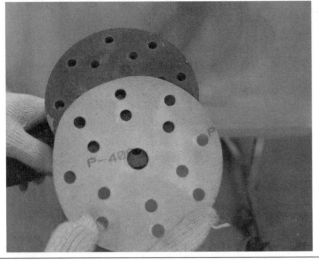	（1）喷涂不同的面漆，对中涂底漆打磨时的砂纸要求不同，需要根据面漆类型选用合适的砂纸规格，选用的砂纸过粗，喷涂面漆后容易产生较明显的砂纸痕，造成返工，浪费材料。 （2）当面漆为单工序素色漆时，采用 P400 砂纸；当为双工序、三工序面漆时，采用 P400 和 P500 砂纸
整板打磨中涂底漆 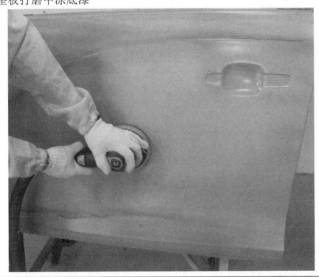	（1）先按动开关，用左手调节转速控制调节旋钮，将转速调节到适合打磨的转速。打磨机的转速太快，容易产生过度打磨；转速太慢，影响打磨效率。 （2）较平整的区域采用机械打磨，打磨前先将打磨机平放在工件上，再启动开关，将中涂底漆层上的橘皮磨透，指示层磨完即可。 （3）角、筋线部位留下一定面积，用灰色菜瓜布或海绵砂纸进行手工打磨，以免打磨过度，造成磨穿或筋线形状不一致等缺陷
手工打磨边角区域、筋线等部位 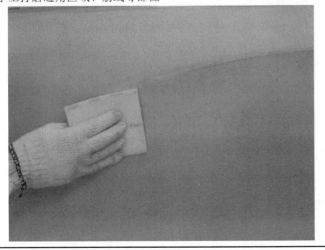	（1）用灰色菜瓜布或 P800 海绵砂纸手工打磨工件边角区域、筋线等部位。 （2）要求使用灰色菜瓜布打磨时，应尽量增大打磨的接触面积，同时注意用力程度，尽量不要大面积进行手工打磨

续表

作业内容及图示	技术规范及要求
检查中涂底漆打磨效果 	（1）在光线充足的条件下，从不同角度检查打磨后的中涂底漆表面，表面应平整光滑，无磨穿、橘皮、流挂、颗粒、砂眼等缺陷，任何微小的瑕疵都会影响整个面涂层的施工效果。 （2）观察是否有橘纹、砂纸痕、颗粒等现象，若有，则必须重新打磨
除尘清洁 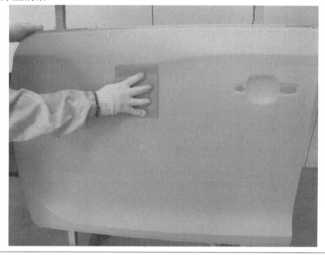	中涂底漆打磨后，工件表面粉尘过多，容易污染环境，需要用除油布进行擦拭，保证表面、边角除尘到位
更换防护用品 	除尘后进行除油脱脂清洁，需要更换防护用品，按左图正确穿戴防护用品。 （1）防毒面具。 （2）乳胶手套。 （3）防护眼镜。 （4）工作服。 （5）安全鞋

续表

作业内容及图示	技术规范及要求
使用除油剂进行清洁处理 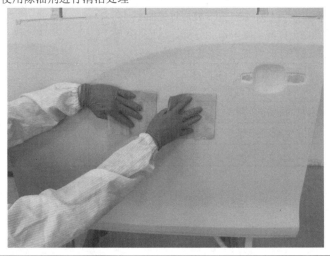	（1）使用喷壶全部喷湿整个板件。 （2）使用两块除油布进行擦拭，采用一干一湿的方法
按照 6S 要求进行整理 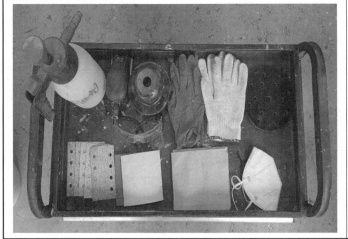	（1）将干磨系统电源关闭，打磨机清洁干净归位。 （2）对除油剂喷壶、工具、工具车进行清洁整顿，做好场地清洁、工具车的归位等工作

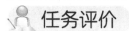 任务评价

本任务的评分表如表 3-13 所示。

表 3-13 中涂底漆打磨评分表

序号	项目	分值	技术要求/扣分要点	扣分	得分
1	个人安全防护	10	未按工序规范穿着工作服，扣 2.5 分		
			未按工序规范佩戴防护眼镜，扣 2.5 分		
			未按工序规范佩戴防尘口罩和防毒面具，扣 2.5 分		
			未按工序规范穿戴手套，扣 2.5 分		
2	打磨机选用	5	未正确选用打磨工具，扣 5 分（3 号打磨机）		
	砂纸选用	5	未正确选用砂纸，扣 5 分		
	使用碳粉指示剂	5	未使用碳粉指示剂，扣 5 分		

续表

序号	项目	分值	技术要求/扣分要点	扣分	得分
	打磨效果	60	① 正面打磨不彻底，橘皮未磨去，每1cm 为一处，每处扣1 分。 ② 正面磨穿至裸露金属，每1cm 为一处，每处扣1 分。 ③ 第一折边，未完全打磨，每4cm 为一处，每处扣1 分。 ④ 第一折边外侧没有打磨痕迹，每条边扣2 分		
3	清洁	10	工件清洁度，正面清洁不够，有明显的灰尘、碳粉残留，扣10 分，不明显扣5 分，在外侧有残留扣5 分		
4	按照6S 要求进行整理	5	工作设备及工位未复位，扣3 分		
			废弃物未丢弃至指定位置，扣2 分		
分数合计		100			

操作时间：40 分钟 日期： 年 月 日

拓展练习

一、填空题

1. 对于边角、筋线等部位，可使用_____布或_____进行打磨。

2. 中涂底漆表面比较平整光滑，可直接使用_____砂纸打磨。

3. 打磨后的中涂底漆表面应_____、_____、_____、_____、_____、_____等缺陷。

4. 若面漆为油性漆，则直接使用油性除油剂进行除油脱脂清洁即可；若面漆为水性漆，则先使用_____，再使用_____清洁。

5. 若将中涂漆磨穿至裸露金属，则必须在裸露金属表面喷涂_____或_____，以提高金属的耐腐蚀性能，增加面涂层的附着力。

二、判断题

1. 施涂碳粉指示剂的目的是找出肉眼难以发现的涂层缺陷。 （ ）

2. 中涂底漆打磨选用7 号打磨机。 （ ）

3. 中涂底漆打磨全部采用机械打磨，不需要手工打磨。 （ ）

4. 中涂底漆打磨前必须确定底漆已干透。 （ ）

5. 中涂底漆打磨不需要戴耳塞。 （ ）

三、单选题

1. 中涂底漆打磨不需要穿戴的防护用品是（ ）。

A. 棉纱手套 B. 安全鞋 C. 工作服 D. 防毒面具

2. 当需要喷涂单工序面漆时，中涂底漆打磨至少要用到的干磨砂纸是（ ）。

A. P320 B. P400 C. P600 D. P800

3. 当需要喷涂双工序面漆时，中涂底漆打磨至少要用到的干磨砂纸是（ ）。

A．P320 　　　　　B．P400 　　　　　C．P500 　　　　　D．P800

4．中涂底漆打磨时，选用的打磨机是（　　　）。

A．3 号 　　　　　B．5 号 　　　　　C．7 号 　　　　　D．9 号

5．旧漆膜打磨的主要目的是（　　　）。

A．提供附着力 　　　　　　　　　B．清除橘皮纹理和提供更平滑的基底

C．提供光泽度

项目 4

调色

📖 项目描述

随着汽车工业的不断发展，车漆的颜色种类及效果层出不穷，人们不可能把每种颜色都做成涂料储存起来以备随时使用。唯一的解决办法是提高调色人员的配色技能，利用涂料制造商提供的几十种基本色素或色母，按照一定的用量比例及颜色配方，对现有颜色进行调配，以得到我们所期望的理想颜色。而调色就成了涂装人员必须掌握的基本知识和技能。

在调色之前，一定要清楚原面漆的类型是什么？是什么颜色？采用的是几工序的做法？在调色时尽量采用与原面漆相同的工艺，这样可以使我们修复出来的效果更接近原漆原色。

本项目设计了 2 个任务，分别为素色漆调色、双工序银粉色漆调色，要求学生学习完本项目就能根据提供的标准色样板，查找出配方并对存有颜色差异的色漆进行人工微调。操作流程符合调色工艺要求，微调后所喷涂的样板颜色与标准板颜色对比达到无视觉差异的效果。

❓ 思考与成长

新的时代赋予了我们新的使命，只有把"工匠精神"融入课堂、工作，才能将自己磨炼成一名优秀的人才。在学习和工作中要做到一丝不苟，不断改进和完善工作方式、方法，保质保量地完成各项工作，朝着实现中华民族伟大复兴的宏伟目标奋勇前进。要坚决摒弃"过得去就好""差不多就行"的心态和"不拘小节"的思维陋习，积极适应新形势、新要求，把高标准、严要求的态度体现到工作的方方面面。

任务1 素色漆调色

 ## 知识目标

1. 了解颜色的基础知识。
2. 了解素色色母特性的知识。
3. 熟悉素色漆调色的基础知识。
4. 掌握素色漆喷涂样板的方法。

 ## 技能目标

1. 能根据颜色判断调配出素色漆。
2. 能使用喷枪喷涂素色漆样板。
3. 能判断素色漆样板与目标板的色差并选择色母。
4. 能确定素色漆样板颜色是否合格。

 ## 案 例

一辆汽车在行驶过程中与另一辆汽车车身相剐蹭，经过维修技师对这两辆汽车车身进行分析，判断出漆面已经严重受损，需要进行专业的喷涂修复。经过清洁除油、损伤处理、底漆、原子灰、中涂底漆喷涂、面漆前处理的车门，其表面已经恢复了原状。此车要求进行素色漆喷涂，需要按照配方找出色母进行调色，接下来我们一起来学习素色漆调色。

➤ 相关知识

一、颜色的基础知识

1. 颜色的基本认识

颜色是光线刺激人眼所产生的一种视知觉，也可以说颜色是光线和感觉器官作用后所引起的一种生理感觉。颜色在我们的日常生活中扮演着重要的角色，每种颜色都具有其独特的意义，如红色代表热情，绿色代表和平，蓝色代表安静，橙色代表温暖。从科学的角度来看，颜色是人眼对光波传递的表现。因此，没有光就没有颜色。

所谓颜色，从科学的角度来看，是人眼对光波传递的感知。人们要感受到颜色，必须具备以下三个要素：光源、人眼和物体。

（1）光源。

光源就是发光的物体，常见的光源有以下三种：白炽灯、荧光灯及太阳光。

太阳光是电磁辐射的一种形式，这种辐射有不同的波长，利用三棱镜或光栅能分辨出许多单一的有色光带，光谱颜色从紫色到红色，就好像纷纷雨滴所产生的彩虹一般。人眼能看到光谱中波长为 400～700nm 的光线，我们常常称为可见光谱，如图 4-1 所示。

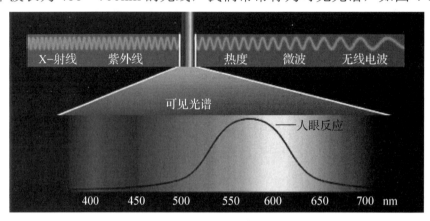

图 4-1　可见光谱

（2）人眼。

人眼具有三种基本神经：感红、感绿和感蓝，并由此合成多种色感。光谱的不同部分能引起这三种神经不同比例的兴奋，并将这些兴奋转换成信号传至大脑，而大脑将这些信号转换为色彩，于是我们就看到了颜色。

颜色视觉正常的人，可以用三原色光混合出光谱上的各种颜色。但每个人的眼睛对颜色的感受灵敏度都有差别，即使是辨色能力正常的人，有些人感受的颜色会偏红，有些人感受的颜色会偏蓝。随着年龄的增长，人的辨色能力还会下降。

（3）物体。

物体之所以能被看到，是因为光线在其表面发生了反射，被人眼接收，通过视觉神经的传递，在大脑中"合成"了物体的颜色。一般而言，物体对照射到其表面的光源有反射、折射和吸收三种反应。反射就是被反射的光线从物体表面反射，物体的颜色往往由其反射光的颜色决定；吸收就是光线被物体吸收。

当全反射时，人看到的是白色，全吸收时看到的是黑色，而部分吸收和部分反射时，看到的则是反射光的不同波长对应的颜色。红波长，而其他波长都被吸收了。

2. 颜色的属性

颜色的属性主要有三个：色相、明度和彩度。正确掌握这三个属性及其相互关系，是调配合格颜色的基础与关键。

（1）色相。色相又称色调或色度，是颜色的第一个属性，可将物体按照这一特性描述为红色、橙色、黄色、绿色、蓝色或紫色。色彩系统中物体最基本的色相是红色、黄色和蓝色，它们也被称为"三原色"，如图 4-2 所示。从理论上来讲，所有的颜色都可以用这三种颜色调配出来。

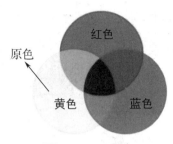

图 4-2 三原色

当红色、黄色和蓝色中任意两种颜色混合后，可得到第三种颜色，称为再生色：红色+蓝色=紫色，蓝色+黄色=绿色，黄色+红色=橙色，如图 4-3 所示。当任意两个再生色混合后又会得到次生色：橙色+绿色=香橼色，紫色+绿色=橄榄色，紫色+橙色=铁锈色。

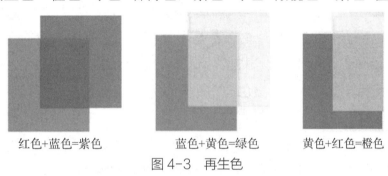

红色+蓝色=紫色　　　蓝色+黄色=绿色　　　黄色+红色=橙色

图 4-3 再生色

（2）明度。明度是指颜色的明亮程度，常用暗淡、鲜艳和亮丽等词语形容。

（3）彩度。彩度是指颜色呈现出来的饱和程度，常用饱满和深浅等词语形容。彩度随着色相和明度的变化而变化，因此调色时要注意三者的相互变化对颜色的影响。

3. 孟塞尔系统

孟塞尔系统所描述的所有颜色的集合体称为孟塞尔色立体（Munsell Color Solid），如图 4-4 所示。

孟塞尔色立体的中央轴（南北轴）代表明度等级，经度代表色相，某特定颜色与中央轴的水平距离代表彩度，即中央轴上的中性色的彩度为 0，距中央轴越远，彩度越大。

（1）色相的表示方法。孟塞尔系统分为 5 个主色调（红色、黄色、绿色、蓝色、紫色），在相邻两个主色调中又定义了 5 种中间色（黄/红色、黄/绿色、蓝/绿色、蓝/紫色、红/紫色），并把所有的色调连成了一个色相环。同时，每种色相被分为 10 份，用 0～10 刻度表示。5 是标准色，如 5R、5G 分别代表标准红色调和标准绿色调。而对于黑、白、灰这些无彩色，统一使用 N 表示。

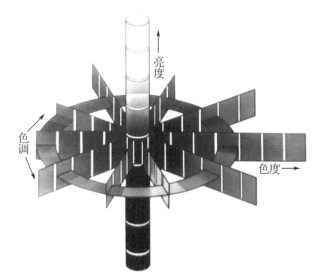

图4-4 孟塞尔色立体

（2）明度的表示方法。孟塞尔系统是一个立体的结构，中间是一根垂直的轴，越往上越亮，越往下越暗。明度分为11个等级，最亮的是白色，明度为10，最暗的是黑色，明度为0。当然，实际上绝对的黑色或白色都是不存在的，这是因为我们现在的技术还不足以合成最亮和最暗的明度，但通过这样的数值，我们可以大致了解现有物体的亮暗程度。

（3）彩度的表示方法。某特定颜色与中央轴的水平距离代表彩度，表示具有相同明度的颜色离开中性色的程度。彩度可以直接通过色相环看出，颜色距中心轴越远，色彩越纯净，彩度就越大；距中心轴越近，色彩越灰，彩度就越小。彩度也有刻度，如0、2、4、6、8等，当彩度为0时，为系统的中央轴，即没有色彩的黑色、白色、灰色（中性色）。

（4）颜色属性规律总结如下。

① 颜色从色轮外圈向内移动，彩度减小。

② 色调只可沿着色轮向左右两边移动，即红色只可能偏黄或偏蓝，而不可能偏绿。

③ 色轮上两个相对色调的颜色混合，变浊、变黑。

④ 颜色越向上，明度越高。

（5）孟塞尔系统对颜色的表示方法为×××/×。第1位代表色调的数值，第2位代表色调的颜色（前面提到的基本分类色调，用字母表示），第3位代表明度，第4位代表彩度。例如，5R4/14代表明度为4、彩度为14的正红色；6RP4/12代表明度为4、彩度为12的纯红紫色。另外，N0/代表绝对黑色；N10/代表绝对白色；N5/代表中灰色。

二、调色设备及工具

1. 色母搅拌机

色母搅拌机通常采用电动机带动，自动搅拌。目的是将涂料的颜料、树脂与溶剂等充分搅拌混合，以便调色均匀，如图 4-5 所示。

2．电子秤

电子秤用于精确计量所加色母的质量，减少微调次数和颜色差异。常用的电子秤有精确度为 0.1g 和精确度为 0.01g 两种，如图 4-6 所示。

图 4-5　色母搅拌机

图 4-6　电子秤

3．调色灯箱

调色灯箱的作用是在光线不好的情况下调色时模拟一个自然光的环境，用于比色和调色。常用的比较接近日光的光源为 D65 光源。由于不同光源下看到的颜色有所不同，所以在调色灯箱中一般还配备了其他几种不同的光源，用于不同的作用。

4．烤箱

烤箱是一种强制烘干实验样板的设备。

5．配方查询软件

目前，一些规范的涂料公司都有自己完善的配方查询软件，如手机 App 数据库中存有所有颜色配方，用户只需将制造商和车型或色号填入就可以查阅配方数据，如图 4-7 所示。

6．色卡

色卡是根据不同的颜色配方做出来的颜色卡片。通过色卡，可以直观地反映出颜色的属性。色卡一般采用两种分类方式：一种是按照色系来分的，另一种是按汽车制造商来分的。色卡是很重要的调色工具，一套完整、齐全的色卡会使我们的调漆工作达到事半功倍的效果，如图 4-8 所示。

7．色母挂图

色母挂图是表现色母特性的颜色资料，是为了让调色人员能直观地了解色母的特性，方便调色而制作的，如图 4-9 所示。色母挂图一般包括以下方面：色母的属性、色母的正侧面色调、颗粒大小、在色相环中的位置、与白色母或银色母按一定比例混合后的颜色等。

图 4-7　配方查询软件

图 4-8　色卡

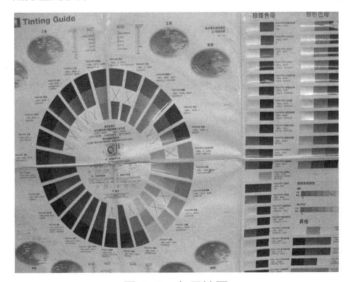

图 4-9　色母挂图

8．其他

调色设备及工具还包括调漆杯、比例尺、试喷板等。

三、素色漆的概述

素色漆也叫作纯色漆或实色漆。它与金属漆不同，喷涂的因素对素色漆颜色变化的影响比较小，大体上是"所见即所得"，所以这类漆容易调色。

素色漆调色比较简单，往往只需注意其色度和色调，对明度的考虑不太重要。一般而言，可以使用少量的白色母来降低颜色的色度，同时让明度稍微上升，但过多的白色母只会使二者都下降；使用黑色母来降低颜色的色度，明度会稍微下降；黑、白色母少的颜色除了色度高，明度通常也高。

在大多数的修理厂中，对于素色漆一般都使用单工序喷涂的工艺，这样既方便快捷，又省时省料。因此，素色漆色母一般要求高遮蔽力、高色度、干涂膜光泽高。但由于调色的需要，一套完整的色母系统中还要求有低遮蔽力的色母，称为低强度色母，这些色母常用于微调色。

和金属漆不同，素色漆在喷涂后不会出现侧面色调的效果，往往正面颜色调得准确，侧面也不会有什么差别。此外，施工条件、施工环境对素色漆颜色的影响也非常小，这些因素都使得素色漆相对容易调色。

素色漆除了在汽车上使用，还在广告设计、物件的表面装饰等其他方面广泛使用。在各大品牌修复涂料的颜色配方库里，一般都会有流行的国际标准颜色的配方。因此，在这方面，素色漆比金属漆有更多的商业机会。

四、明度的调整要点

素色漆调色时可使用黑、白色母调整明度和彩度，但要注意人们对于亮度的感应并不是均匀的，所以反光率为 50% 的灰色并不在黑、白色中间。事实上，N5 中灰色只反射 19% 的光线，这是因为人们对深色的亮度变化比对浅色的亮度变化敏感得多，所以人眼看上去亮度均匀变化的色卡之间的反射率却差别很大。N1 和 N2 的反射率仅仅相差 2%，而 N8 和 N9 的反射率相差近 20%，这说明了只要在黑色涂料内加少量的白色涂料，就可以使黑色涂料变浅；而要使浅灰色的涂料变得更浅，必须加大量的白色涂料。总之，对于所有颜色，把浅色调向深色是容易的，反之，难度较高。

五、比色方法的要点

虽然素色漆不会因为喷涂手法导致颜色不同，即素色漆不会像银粉漆那样，因喷涂因素变化导致颜料颗粒排列不同，但是因为素色漆干燥后会明显变深，故为了确保颜色准确，在素色漆的起始调配阶段，可以用比例尺刮涂色板比色，在最后阶段，确定颜色是否可以喷涂汽车时需要喷涂合格的样板来比色。

比色时，要以第一印象为准，盯视色板的时间越长，越难准确地判断颜色色差。

本任务介绍利用配方查询软件查找配方和色卡与车身颜色进行比较，找出对应车型，得出配方进行调色，如有色差，需要通过微调达到颜色的准确度。

六、素色漆调色时的注意事项

（1）色母的沉降效果。白色母和某些黄色母是最重的一类色母，原因是其颜料的密度大，造成的直接效果是产生湿涂料与喷涂色板之间的明显色差。如果湿涂料中含有一定量的白色母或某些黄色母，那么在用调漆尺搅拌湿涂料、目视比较标准板时，要求湿涂料调配得比标准板的颜色浅。这是因为在搅拌湿涂料时，重的色母来不及沉降，涂料的颜色就较浅；而喷涂后的流平时间内发生了沉降，轻的色母在表面聚集较多，外观表现得"暗"一点。刚喷涂完的漆面和干燥后的漆面状况不同，烤干后的漆面都会显得偏暗一点。

（2）尽量选用纯度高的色母。汽车素色漆大多数是明快、鲜艳的颜色，以红色、蓝色和黄色为主。这些颜色的调配要根据需要少用黑色母，偶尔用相当数量的白色母调节亮度，但这会造成一定程度的颜色浑浊。

 技能训练

一、所需的工具及材料

本任务所需的工具及材料如表4-1所示。

表4-1　所需的工具及材料

类型	名称	规格/型号	图示
防护用品	手套	乳胶	
	防毒面具	过滤式	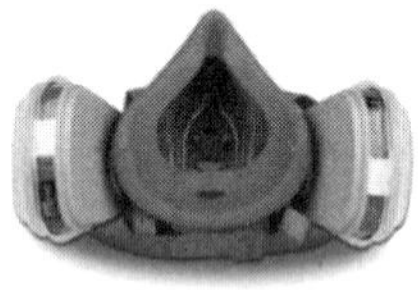
	防护眼镜	—	
工具、材料	面漆喷枪	1.3mm 口径	
	干磨砂纸	粘尘布	

续表

类型	名称	规格/型号	图示
工具、材料	调漆杯	0.2L	
	色漆	SLK-2K 系列	
	稀释剂	标准	
	除油剂	802	
	除油布	—	
	电子秤	—	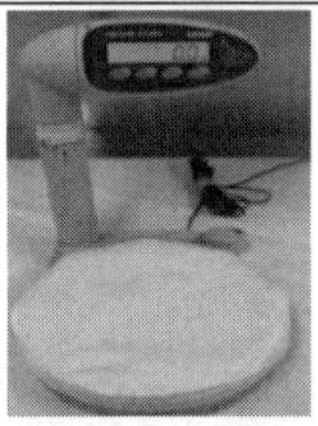
	固化剂	913	
	试喷板	10mm×15mm	

二、操作方法及步骤

本任务的操作方法及步骤如表 4-2 所示。

表 4-2　操作方法及步骤

作业内容及图示	技术规范及要求
正确穿戴防护用品 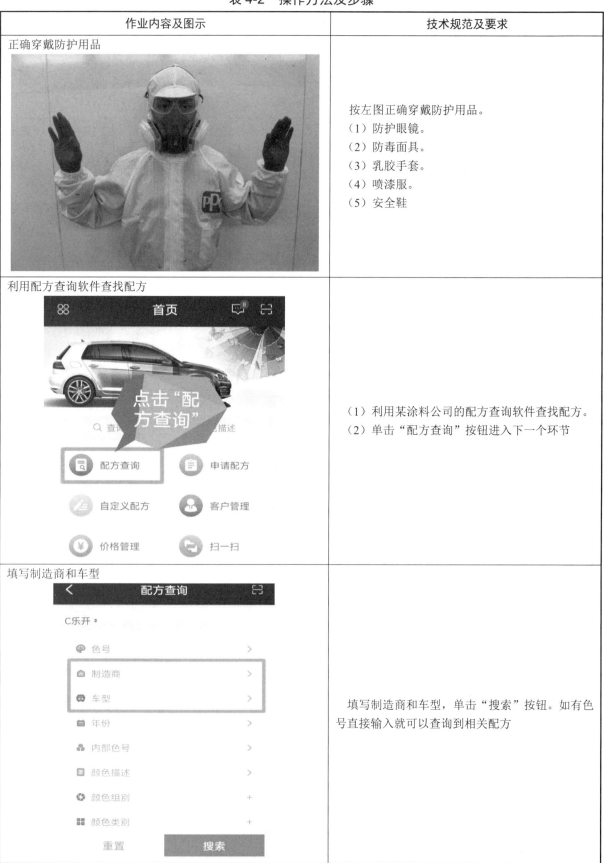	按左图正确穿戴防护用品。 （1）防护眼镜。 （2）防毒面具。 （3）乳胶手套。 （4）喷漆服。 （5）安全鞋
利用配方查询软件查找配方 首页 点击"配方查询" 配方查询　　申请配方 自定义配方　　客户管理 价格管理　　扫一扫	（1）利用某涂料公司的配方查询软件查找配方。 （2）单击"配方查询"按钮进入下一个环节
填写制造商和车型 配方查询 C乐开 色号　　＞ 制造商　　＞ 车型　　＞ 年份　　＞ 内部色号　　＞ 颜色描述　　＞ 颜色组别　　＋ 颜色类别　　＋ 重置　　搜索	填写制造商和车型，单击"搜索"按钮。如有色号直接输入就可以查询到相关配方

续表

作业内容及图示	技术规范及要求
选择相关颜色  **〈 查询结果** C乐开 ⬍　　　　　　　中国 ⬍ **五菱　上汽通用** 🚗 车型　五菱宏光MINI 📊 色号 📅 年份　2021-2021 🎨 颜色描述　牛油果绿 21款 标准 **五菱　上汽通用** 🚗 车型　五菱宏光MINI 📊 色号 📅 年份　2021-2021 🎨 颜色描述　柠檬黄 21款 标准 **五菱　上汽通用** 🚗 车型　五菱宏光MINI 📊 色号 📅 年份　2021-2021 🎨 颜色描述　白桃粉 21款 标准	（1）选择相关颜色就可以查询到配方。 （2）当没有配方查询软件、找不到颜色代码铭牌或车身颜色与代码颜色不符时，可以直接利用色卡与车身颜色进行比较，找出颜色最接近的色卡，再查看色卡上的配方（一般在色卡背面）
查询配方结果 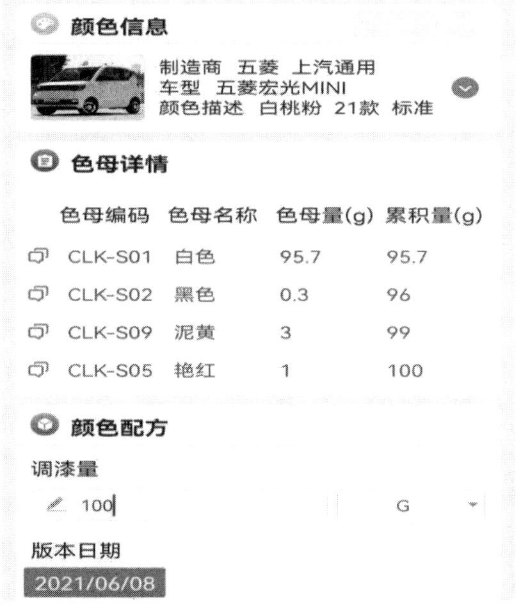 🎨 **颜色信息** 制造商　五菱　上汽通用 车型　五菱宏光MINI 颜色描述　白桃粉 21款 标准 ⚙ **色母详情** 色母编码　色母名称　色母量(g)　累积量(g) CLK-S01　白色　95.7　95.7 CLK-S02　黑色　0.3　96 CLK-S09　泥黄　3　99 CLK-S05　艳红　1　100 ⚙ **颜色配方** 调漆量 ✎ 100　　　　　　　　　G ▾ 版本日期 2021/06/08	得出配方后，根据所需调漆量和单位进行设置。例如，需要100g调漆量，输入100后，色母量和累积量会自动变化

作业内容及图示	技术规范及要求
按照配方添加色母 	（1）使用电子秤按照配方称量，此时必须留意计算机上查询到的配方有累积量和绝对量两种，如果所使用的配方是累积量配方，则添加完一个色母后不能将电子秤归零，而应继续添加。 （2）色母添加完成后，将混合好的色漆搅拌均匀。添加的色母量一定要准确，不能多也不能少
将底色漆倒入调漆杯进行分杯 	（1）分杯的色漆量必须保证1块试喷板的喷涂用量（10cm×15cm的试喷板一般需要20g左右）。 （2）分杯的目的是确保喷涂后如果试喷板有色差，还可以继续进行微调，也是为了节约油漆，以免造成不必要的浪费
按比例加入固化剂和稀释剂 	（1）按照产品手册，选择对应的固化剂，不同品牌的涂料不可混合使用，加入后搅拌均匀。 （2）具体调配比例可查阅产品使用手册，按照质量比为100g：35.4g：(16.4～29.3)g；体积比为2：1：(0.4～0.6)进行调配

续表

作业内容及图示	技术规范及要求
选用 1.3mm 口径的喷枪 	（1）选择口径为 1.3mm 的重力式喷枪，把喷壶安装好，并检查是否安装到位，以免色漆洒漏。 （2）用不同型号的喷枪喷涂底色漆时，要想得到良好的效果，必须选择合适的喷枪，并将喷枪各参数调整至正确
试喷板表面除油 	（1）使用两块专用除油布清洁，先用一块除油布蘸取除油剂擦湿工件表面，然后用另一块干除油布擦干。 （2）另一种高效率的做法是先使用耐溶剂的塑料喷壶将除油剂喷涂到工件表面，然后用一块干除油布擦干
对试喷板进行粘尘处理 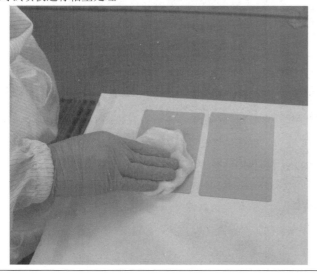	（1）先取出粘尘布，再展开粘尘布，粘尘时应先正面后边角，由上至下依次在工件上粘尘，避免二次污染。 （2）注意擦拭力度，防止在工件表面残留"黏"性物质

作业内容及图示	技术规范及要求
调节喷枪 	（1）必须严格按照产品手册选用与调节喷枪，以匹配原车（目标板）的喷涂参数，否则会影响颜色的准确性。 （2）喷枪口径、喷涂气压、喷涂扇面、出漆量等对颜色的影响，按照单工序面漆喷涂参数调整即可
喷涂试喷板 	（1）喷涂手法应与原车（目标板）喷涂手法一致，喷涂范围必须大于试喷板面积，若试喷板为10cm×15cm，则喷涂范围建议不小于20cm×30cm。 （2）以SATA 5000B HVLP喷枪为例，具体喷涂方法及喷枪参数参照色漆喷涂方法，也可查阅产品使用手册
试喷板干燥后转移至烤箱 	（1）在试喷板转移过程中，注意不要碰触到试喷板表面，以免碰伤。 （2）试喷板烘烤前应闪干至指触不拉丝为宜，否则在烘烤过程中易产生痱子等缺陷，严重时会影响比色效果

续表

作业内容及图示	技术规范及要求
比对原车（目标板）与试喷板 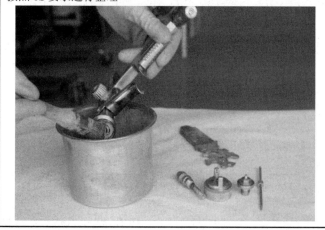	（1）在自然光下或标准光源对色灯箱里比色，不要在阳光直射处或很暗的光线下比色，也不要在普通荧光灯等非标准光源下比色。不合适的光源会导致颜色产生变化，误导对颜色差别的判断，导致调色不准确。 （2）若有色差，则对加入配方里的色母进行微调。根据颜色差别及色母特性图、色母色相环图判断选择合适的色母，不要使用配方以外的色母进行微调
按照 6S 要求进行整理	（1）关闭调色设备电源，整理喷涂设备和喷涂材料。 （2）清洗喷枪，将喷枪的枪针、风帽、喷嘴拆卸，用稀释剂彻底清洗，并用气枪吹干。 （3）清洗喷枪时，需要穿戴防护用品，包括喷漆服、安全鞋、防护眼镜、防毒面罩、乳胶手套

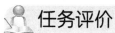 任务评价

本任务的评分表如表 4-3 所示。

表 4-3　素色漆调色评分表

序号	项目	分值	技术要求/扣分要点	扣分	得分
1	个人安全防护	10	未按工序规范穿着喷漆服（含工作帽），扣 2.5 分		
			未按工序规范佩戴防护眼镜，扣 2.5 分		
			未按工序规范佩戴防毒面具，扣 2.5 分		
			未按工序规范穿戴手套，扣 2.5 分		
2	调色过程	5	使用前电子秤未归零，扣 1 分		
			色母添加未按要求记录，扣 1 分		
			色漆未充分搅拌，扣 1 分		
			电子秤使用结束后未关闭，扣 1 分		
			浆盖未清洁，扣 1 分		

续表

序号	项目	分值	技术要求/扣分要点	扣分	得分
	粘尘及除油方法	5	喷涂前未对工件进行粘尘，扣 3 分；粘尘布使用方法错误，直接用拆封粘尘布对喷涂区域进行粘尘，扣 1 分（未充分展开）		
			只用湿布或未除油，扣 2 分；擦湿后，没有擦干前除油剂已经挥发干燥（擦湿程度不够，表面未湿润），扣 1 分		
	喷涂过程	15	① 在喷涂下一道色漆前，观察漆面（色漆至哑光以判断闪干）；喷涂过程中无打磨、补喷操作。② 在喷涂下一道色漆前未观察漆面，色漆未闪干，每次扣 5 分，调整雾喷层之前闪干不扣分。③ 因自身原因造成喷涂过程中打磨、补喷，每次扣 5 分，扣完为止		
	色差	60	与标准板比较，以色差来评判，能达到交车的，不扣分；基本能交车的，扣 30 分；完全不能交车的，扣 50 分		
3	按照 6S 要求进行整理	5	工具没有放在地面上；使用完毕后，工具、工位未恢复原状；气管未归位。每种错误扣 1 分，扣完为止。摔落喷枪、洒漏油漆等严重失误，扣 5 分		
	分数合计	100			

操作时间：50 分钟　　　　　　　　日期：　　年　月　日

拓展练习

一、填空题

1. 在色彩系统中，物体最基本的色相是_____、_____、和_____。

2. 素色漆调色时可使用黑、白色母调整，_____和_____。

3. 将新的色母罐安装到调漆机上之前必须手工充分搅拌_____min 或使用振荡器振荡_____min，安装到调漆机上之后再搅拌 15min。

4. 每天上午和下午各启动调漆机搅拌油漆一次，每次搅拌时间为_____min。

二、判断题

1. 素色漆调色时，对颜色的观察只需确保正面效果，参考 45°角。　（　）

2. 微调时尽量不要使用原配方以外的色母。　（　）

3. 在调色时，黑色或白色能够最快、最明显地影响颜色的亮度。　（　）

4. 素色漆一般使用单工序喷涂工艺，这样既方便快捷，又省时省工。　（　）

5. 素色漆在喷涂后会出现侧面色调的效果。　（　）

6. 白色母和某些黄色母是最重的一类色母。　（　）

三、选择题

1. 常用的比较接近日光的光源为（　）光源。

A. D65　　　　　B. TL84　　　　　C. UV

2．每天上午和下午各启动色母搅拌机的次数是（　　　　）。

A．3　　　　　　　　　B．2　　　　　　　　　C．1

3．电子秤应该放置在（　　　　）。

A．喷枪附近　　　　　　B．调色架附近　　　　　C．调漆尺附近

4．一个色卡与车身完全相符的情况发生的概率（　　　　）。

A．非常高　　　　　　　B．非常低　　　　　　　C．不能确定

5．调漆人员鉴定颜色最准确的方法是采用（　　　　）。

A．计算机　　　　　　　B．颜色分析仪　　　　　C．人眼

任务2　双工序银粉色漆调色

 知识目标

1．了解银粉色母的结构和特性知识。

2．掌握多角度判断银粉色漆颜色色差的方法。

3．了解银粉色漆颜色的影响因素。

4．掌握银粉色漆样板喷涂的方法。

 技能目标

1．能根据颜色判断调配出双工序银粉色漆。

2．能使用喷枪喷涂银粉色漆样板。

3．能判断银粉色漆样板与目标板的色差并选择色母及添加量。

4．能确定银粉色漆样板颜色是否合格。

 案　例

一辆汽车右前车门受损，已进行钣金修复，按照维修的作业流程，需要转到涂装工位对受损车门进行涂装修复作业。根据质量要求，需要经过调色才能进行下一道工序，现要求对该汽车进行涂装修复过程中的调色，以确定车身颜色是普通双工序银粉色漆。先按照配方找出色母进行调色，然后根据工艺要求进行双工序银粉色漆调色。

> **相关知识**

一、银粉色母的分类

银粉色母实际上使用的主要颜料为铝粉。不同铝粉的区别首先是颗粒粗细不同,其次是形状不同。根据不同的铝粉,银粉色母有不同的分类方式。

(1)按照银粉的形状不同可以把银粉分成不规则形和椭圆形两种。在显微镜下观察这两种银粉可以发现,不规则形银粉的每个颗粒都没有固定的形状,每粒银粉上都有各种各样的棱角,看上去就像一大堆奇形怪状的石头,而椭圆形银粉有固定的形状。这两种银粉的效果有很大不同:不规则形银粉具有"漫反射"作用,正面的亮度相对稍低,侧面的亮度反而较高;椭圆形银粉由于表面反射光的角度一致,所以正面亮度较高,但侧面亮度却很低。实际应用时,如果需要把正面调得更亮,把侧面调暗,那么更换银粉的种类是最有效和最常用的手段。

(2)按照银粉的亮度不同可以把银粉分成平(无)光银、亮银和闪银三种。这三种银粉往往有两个或多个颗粒粗细不同的色母。平光银、亮银使用的是不规则形银粉,闪银使用的是椭圆形银粉。这三种银粉在外观上也比较好辨认,在正面亮度上按顺序变亮,在侧面亮度上则按顺序变暗。实际使用中,一般多以亮银和闪银为主,因为它们的纯度高,调出来的颜色纯,饱和度高,操作时主要用于提高颜色的亮度和纯度。除非必要,不要使用过多的平光银,否则调出来的颜色正面会变得比较灰暗,在远处一看就会感到整体发黑。平光银还有一个特点,就是可以用亮银和白色母近似地调配出来,在亮银中加入少量的白色母,可以使银粉正面变灰暗,亮度降低,同时使侧面变浅。

二、银粉色母的使用要点

1. 不同银粉色母的效果

(1)亮银和闪银的颗粒越小,正面越暗,侧面越亮。

(2)银粉颗粒越大,正面越亮,侧面越暗。

(3)加入少量亮银、闪银能使颜色的正面亮度升高,但继续增加却会使颜色的正面和侧面变灰暗,颜色饱和度下降。加入平光银对正、侧面都只能起到变灰暗的作用。

(4)相比较而言,平光银的正面最暗,侧面最亮;闪银的正面最亮,侧面最暗。

2. 银粉色母的判断、选择及使用

(1)可以在阳光直射下或使用太阳灯判断银粉颗粒的闪亮程度是否合适。

(2)选择银粉色母时,一般可以先判断需要使用的银粉亮度级别,明确需要使用哪一

种或哪两种亮度的银粉色母，再判断银粉颗粒的粗细，确定使用何种粗细的银粉色母及其数量比例。

（3）选择正确的银粉对调色非常重要。在实际调漆工作中，单使用某一种银粉往往达不到应有的效果，所以常常使用两三种银粉混合。两种银粉混合后表现出来的属性往往就是原来各银粉属性的折中。例如，亮度不同的银粉混合，所得亮度就介于它们之间，侧面亮度亦如此。

三、银粉色漆调色试喷板的喷涂要点

1．试喷板材质

试喷板材质需要与汽车材质一致，所使用的底漆颜色也需要一致，避免试喷板底漆颜色与车身底漆颜色不同，导致比色时对调色人员的颜色判断起到误导作用。

2．试喷板喷涂条件

银粉色漆必须喷涂试喷板比较颜色，否则湿涂料的颜色不能真实反映干涂膜的颜色。由于施工因素对银粉色漆的颜色有很大的影响，同一种油漆可以喷涂出截然不同的颜色，所以要使用与喷涂汽车同样的工艺条件喷涂试喷板，否则银粉色漆中银粉的颗粒粗细和亮度很难把握准确。

试喷板的面积至少应该为 10cm×15cm，太小对颜色的分辨不利。喷涂时不要因为试喷板较小而喷得过湿过厚，否则在车身上正常喷涂时颜色就会变浅。特别是对于浅颜色的金属漆，如香槟金、薄荷青等，喷涂试喷板时应该尝试不同的喷涂方法，在实际喷涂时按照色差最小的方法进行。

喷涂试喷板时，可以将银粉色漆喷涂整板，而清漆喷 1/2，以对比银粉色漆在喷涂或未喷涂清漆时的颜色差异，累积调色的经验。

当找不到颜色代码铭牌或车身颜色与代码颜色不符时，可以直接利用色卡与车身颜色进行对比，找出颜色最接近的色卡，再查看色卡上的颜色代码。

本任务介绍利用配方查询系统查找配方，找出对应车型，得出配方进行调色，如有色差，需要通过微调达到颜色的准确度。

 技能训练

一、所需的工具及材料

本任务所需的工具及材料如表 4-4 所示。

表 4-4 所需的工具及材料

类型	名称	规格/型号	图示
防护用品	手套	乳胶	
	防毒面具	过滤式	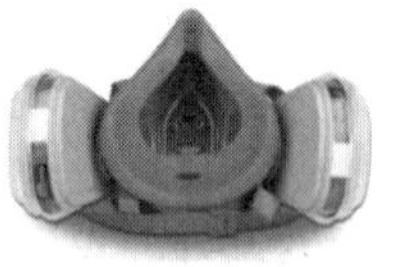
	防护眼镜	—	
工具、材料	喷枪	1.3mm 口径	
	干磨砂纸	粘尘布	
	调漆杯	0.2L	
	银粉色漆	M 系列银粉色漆	
	稀释剂	标准	
	除油剂	802	
	2K 清漆套装	535	

类型	名称	规格/型号	图示
工具、材料	电子秤	—	
	除油布	—	
	试喷板	10mm×15mm	

二、操作方法及步骤

本任务的操作方法及步骤如表 4-5 所示。

表 4-5　操作方法及步骤

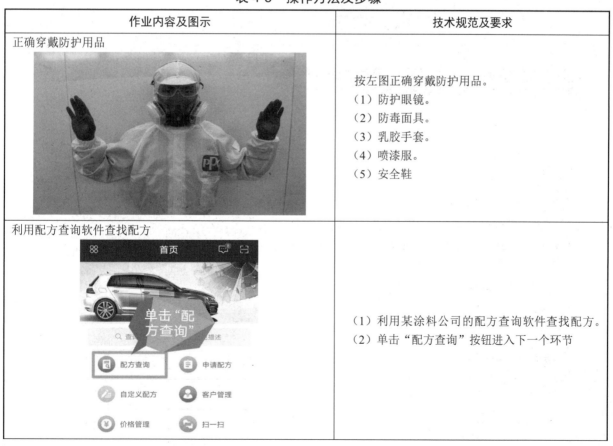

作业内容及图示	技术规范及要求
正确穿戴防护用品	按左图正确穿戴防护用品。 （1）防护眼镜。 （2）防毒面具。 （3）乳胶手套。 （4）喷漆服。 （5）安全鞋
利用配方查询软件查找配方	（1）利用某涂料公司的配方查询软件查找配方。 （2）单击"配方查询"按钮进入下一个环节

续表

作业内容及图示	技术规范及要求
填写制造商和车型  **配方查询** C乐开 ⇕ 🎨 色号 　＞ 🏠 东风风行 　＞ 🚗 景逸S50 　＞ 📅 年份 　＞ 🎱 内部色号 　＞ 📋 颜色描述 　＞ ✿ 颜色组别 　＋ ▦ 颜色类别 　＋ 重置　　　搜索	填写制造商和车型，单击"搜索"按钮。如有色号直接输入就可以查询到相关颜色配方
选择相关颜色  **查询结果** C乐开 ⇕　　　　　中国 ⇕ **东风风行** 🚗 车型 景逸S50 🎨 色号 未设定 📅 年份 2014-2019 🎨 颜色描述 皓月灰 17款 标准 **东风风行** 🚗 车型 景逸S50 🎨 色号 未设定 📅 年份 2014-2019 🎨 颜色描述 皓月灰 17款 偏深	（1）选择相关颜色就可以查询到配方。 　（2）当没有配方查询软件、找不到颜色代码铭牌或车身颜色与代码颜色不符时，可以直接利用色卡与车身颜色进行比较，找出颜色最接近的色卡，再查看色卡上的配方（一般在色卡背面）

续表

作业内容及图示	技术规范及要求
查询配方结果 	得出配方后，根据所需调漆量和单位进行设置。例如，需要调100g调漆量，输入100后，色母量和累积量会自动变化
按照配方添加色母 	（1）使用电子秤按照配方称量，此时必须留意计算机上查询到的配方有累积量和绝对量两种，如果所使用的配方是累积量配方，则添加完一个色母后不能将电子秤归零，而应继续添加。 （2）色母添加完成后，将混合好的色漆搅拌均匀。添加的色母量一定要准确，不能多也不能少
将色漆倒入调漆杯进行分杯	（1）分杯的色漆量必须保证 1 块试喷板的喷涂用量（10cm×15cm 的试喷板一般需要 20g 左右）。 （2）分杯的目的是确保喷涂后如果试喷板有色差，还可以继续进行微调，也是为了节约油漆，造成不必要的浪费

作业内容及图示	技术规范及要求
加入稀释剂 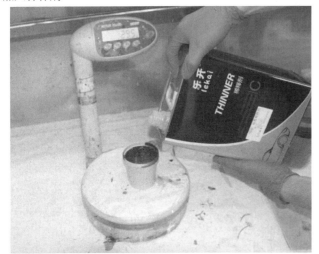	（1）稀释剂的加入量必须严格按照产品手册添加，一般按照体积比为 2 :(1～1.2)进行调配，不得过多或过少，同时每份的添加量要相等，否则会影响颜色的准确性；将色漆搅拌均匀。 （2）稀释剂配比比例和挥发速度对颜色的影响具体见下表： 表格见下： | 浅	←颜色偏向→	深
---	---	---
少	←稀释剂配比→	多
快干	←稀释剂类型→	慢干	
选用 1.3mm 口径的喷枪 	（1）选择口径为 1.3mm 的重力式喷枪，把喷壶安装好，并检查是否安装到位，以免色漆洒漏。 （2）用不同型号的喷枪喷涂色漆时，要想得到良好的效果，必须选择合适的喷枪，并将喷枪各参数调整正确
试喷板表面除油 	（1）使用两块专用除油布清洁，先用一块除油布蘸取除油剂擦湿工件表面，然后用另一块干除油布擦干。 （2）另一种高效率的做法是先使用耐溶剂的塑料喷壶将除油剂喷涂到工件表面，然后用一块干除油布擦干

续表

作业内容及图示	技术规范及要求
对试喷板进行粘尘处理 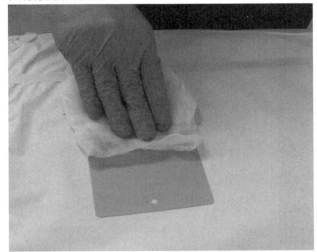	（1）先取出粘尘布，再展开粘尘布，粘尘时应先正面后边角，由上至下依次在工件上进行粘尘，避免二次污染。 （2）注意擦拭力度，防止在工件表面残留"黏"性物质
调节喷枪 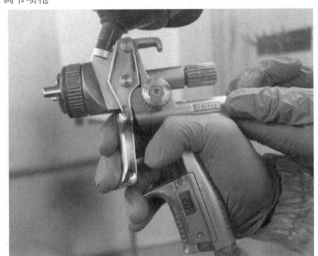	（1）必须严格按照产品手册调节喷枪，以匹配原车（目标板）的喷涂参数，否则会影响颜色的准确性。 （2）喷枪口径、喷涂气压、喷涂扇面、出漆量等对颜色的影响具体见下表： 表格见下
喷涂试喷板 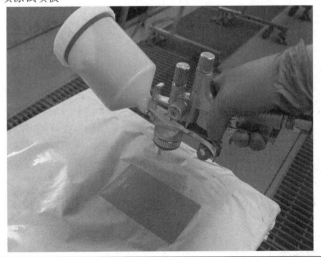	（1）喷涂手法应与原车（目标板）喷涂手法一致，喷涂范围必须大于试喷板面积，若试喷板为10cm×15cm，则喷涂范围建议不小于20cm×30cm。 （2）以SATA 5000B HVLP喷枪为例，具体喷涂方法及喷枪参数参照银粉色漆喷涂方法，也可查阅产品使用手册

浅	←颜色偏向→	深
小	←喷枪口径→	大
大	←喷涂气压→	小
大	←喷涂扇面→	小
小	←出漆量→	大

汽车车身涂装教程

续表

作业内容及图示	技术规范及要求
闪干后喷涂效果层（雾喷层） 	（1）在喷涂效果层前应确保色漆已达到遮蔽要求，可通过观察色板中间的黑线判断。 （2）若看不到黑线，则说明色漆已达到遮蔽要求；若还能看到黑线，则需要再次喷涂
喷涂清漆 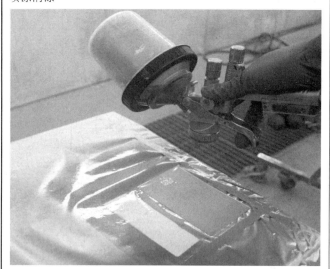	（1）清漆喷涂方法必须与喷涂车身的方法一致，范围与色漆喷涂范围相同。 （2）清漆可喷涂得稍薄一点，以便快速闪干后进行烘烤；若清漆的厚度对微调油漆的颜色影响大（如三工序珍珠漆），则清漆的厚度必须与工件（目标板）接近或一致
试喷板干燥后转移至烘烤箱 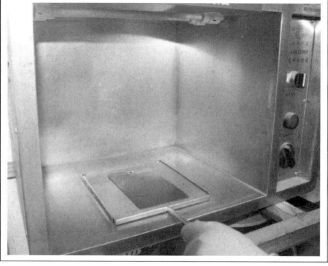	（1）在试喷板转移过程中，注意不要碰触到试喷板表面，以免将其碰伤。 （2）差异板烘烤前应闪干至指触不拉丝为宜，否则在烘烤过程中易产生痱子等缺陷，严重时会影响对色效果

续表

作业内容及图示	技术规范及要求
比对目标板与试喷板 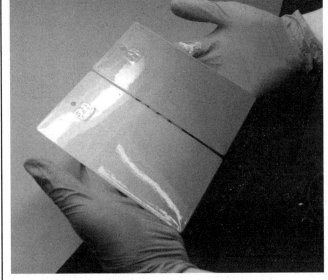 左板为目标板，右板为试喷板	（1）在自然光下或标准光源对色灯箱里比较颜色差别，不要在阳光直射处或很暗的光线下比色，也不要在普通荧光灯等非标准光源下比色。不合适的光源会导致颜色产生变化，误导对颜色差别的判断，导致调色不准确。 （2）如有色差，加入配方里的色母进行微调。根据颜色差别及色母特性图、色母色相环图判断选择合适的色母，不要使用配方以外的色母进行微调
按照 6S 要求进行整理 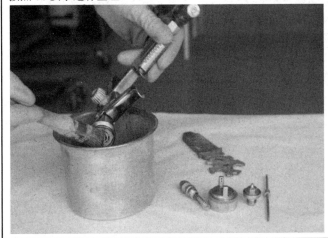	（1）关闭调色设备电源，整理喷涂设备和喷涂材料。 （2）清洗喷枪，将喷枪的枪针、风帽、喷嘴拆卸，用稀释剂彻底清洗，并用气枪吹干。 （3）清洗喷枪时，需要穿戴防护用品，包括喷漆服、安全鞋、防护眼镜、防毒面罩、乳胶手套

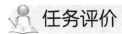 **任务评价**

本任务的评分表如表 4-6 所示。

表 4-6　双工序银粉色漆调色评分表

序号	项目	分值	技术要求/扣分要点	扣分	得分
1	个人安全防护	10	未按工序规范穿着喷漆服（含工作帽），扣 2.5 分		
			未按工序规范佩戴防护眼镜，扣 2.5 分		
			未按工序规范佩戴防毒面具，扣 2.5 分		
			未按工序规范穿戴手套，扣 2.5 分		

续表

序号	项目	分值	技术要求/扣分要点	扣分	得分
2	调色过程	5	使用前电子秤未归零，扣1分		
			色母添加未按要求记录，扣1分		
			色漆未充分搅拌，扣1分		
			电子秤使用结束未关闭，扣1分		
			浆盖未清洁，扣1分		
	粘尘及除油方法	5	喷涂前未对工件进行粘尘，扣3分；粘尘布使用方法错误，直接用拆封粘尘布对喷涂区域进行粘尘，扣1分（未充分展开）		
			只用湿布或未除油，扣2分；擦湿后，没有擦干前除油剂已经挥发干燥（擦湿程度不够，表面未湿润），扣1分		
	喷涂过程	15	① 在喷涂下一道色漆前观察漆面（色漆至哑光以判断闪干）；喷涂过程中无打磨、补喷操作。 ② 在喷涂下一道色漆前未观察漆面，色漆未闪干，每次扣5分，调整雾喷层之前闪干不评分。 ③ 因自身原因造成喷涂过程中打磨、补喷，每次扣5分，扣完为止		
	色差	60	提交的试喷板与标准板之间的色差，色差最小的不扣分，色差最大的扣60分。试喷板喷涂未完全遮蔽、色漆发花、清漆漏喷或哑光等缺陷，每种缺陷扣5~15分；色板正面有大量坐点颗粒、痱子或手印，每种缺陷扣5~10分		
3	按照6S要求进行整理	5	工具没有放在地面上；使用完毕后，工具、工位未恢复原状；气管未归位。每种错误扣1分，扣完为止。出现摔落喷枪、洒漏油漆等严重失误，扣5分		
	分数合计	100			

操作时间：50分钟　　　　　　　　　　　　　　　　　　日期：　　年　　月　　日

 拓展练习

一、填空题

1. 银粉色母实际上使用的主要颜料为_____。

2. 按照银粉的形状可以把银粉分成_____和_____两种。

3. 按照银粉的亮度可以把银粉分成_____、_____和_____三种。

4. 亮银和闪银的银粉颗粒越小，正面越_____，侧面越_____。

5. 银粉颗粒越大，正面越_____，侧面越_____。

二、判断题

1. 调色时，金属漆中银粉的颗粒和亮度不经过喷涂不可能把握准确。　（　　）

2. 微调时尽量不要使用原配方以外的色母。　（　　）

3. 金属颜色侧面色调只能往深、暗的方向调整。　（　　）

4. 在金属漆调色时，每个色母都会对颜色的正、侧面产生影响。　（　　）

5．金属漆调色时，调整侧面的效果可以尽量多使用不透明的色母。　　　　（　　）

三、选择题

1．调配金属漆时，调色的色卡基础应该是侧面偏暗、正面（　　　）。

A．偏亮　　　　　　　　　B．偏暗　　　　　　　　　C．偏灰暗

2．在对色的时候，下列做法错误的是（　　　）。

A．对色时，光线要充足

B．充分考虑周围的影响因素

C．在阳光直射的情况下检查颜色

3．使银粉色漆颜色显得深一些的喷涂技术是（　　　）。

A．调小喷涂扇面　　　　B．喷涂速度快一些　　　C．用快干稀释剂

4．一个色卡与车身完全相符的情况发生的概率（　　　）。

A．非常高　　　　　　　B．非常低　　　　　　　C．不能确定

5．喷涂清漆的气压是（　　　）。

A．2bar　　　　　　　　　　　　　　　　B．3bar

C．1.3～1.5bar　　　　　　　　　　　　D．1.1～1.2bar

项目 5

面漆喷涂

📖 项目描述

汉车面漆是涂覆于汽车表面最外层的漆膜，起着装饰、标识和保护底材的作用。通过面漆装饰汽车外观，最大限度地表现车体的设计构思，实现颜色设计的各种各样的色彩和图案，大幅度地提高汽车的商品价值。

本项目要求学生在完成单工序素色漆喷涂、双工序银粉色漆喷涂、三工序珍珠漆喷涂、清漆喷涂时，应做到规范穿戴防护用品，在喷涂色漆前做好表面清洁工作，正确调节喷枪，在双工序银粉色漆喷涂后银粉漆不发花、不露底、无流挂，清漆喷涂后应不漏喷、无流挂、有光泽。操作完毕后，按照 6S 要求整理工位（工具设备复位，工位清洁，废弃物统一放置在规定的废弃物容器内），互相学习和交流相关专业知识的技能方法，做到熟练掌握，灵活运用。

💭 思考与成长

"工匠精神"就是追求卓越的创造精神、精益求精的品质精神、用户至上的服务精神。用自己的行动证明，把一件简单的事做到极致，就是不简单。面对赞美和荣誉，依然要反复学习，捕捉新知识，追求突破，努力创新，做好、做优、做细、做精本职工作，努力在业务上有更新的建树、更大的提高。

任务 1　单工序素色漆喷涂

知识目标

1. 了解汽车面漆的类型。
2. 能叙述喷枪的选择与调整要求。

技能目标

1. 能掌握单工序素色漆喷涂的工艺流程。
2. 能使用喷枪完成单工序素色漆喷涂。

案　例

一辆汽车在驶入车库时不小心剐蹭到墙壁，导致右前门面漆受到损伤，经过专业的技师对车门进行分析，判断出漆面已经受损，需要进行专业的喷涂修复。经过清洁除油、损伤处理、底漆、原子灰、中涂底漆喷涂、面漆前处理的车门，其表面已经恢复了原状。经鉴定该汽车面漆是单工序素色漆，现需要进行单工序素色漆喷涂。

相关知识

一、面漆的功用

汽车面漆指涂覆于汽车车身表面、能直接感观到的最外层的漆膜，起着装饰、标识和保护底材的作用。因此，要求面漆具有比底漆更完善的性能，不仅要有很好的装饰性，而且要有很好的耐候性，要求面漆在极端温变湿变、风雪雨雹的气候条件下不变色、不失光、不起泡和不开裂。还要有对环境污染小、安全、耐潮湿、抗污性好、施工方便、涂膜干燥快、保光保色好等特点。例如，消防车和警车涂装成特别的颜色，以使它们有别于其他汽车。

二、面漆的类型

1. 按照颜色效果分类

面漆按照颜色效果分为纯色漆、银粉色漆和珍珠漆。纯色漆只含有纯色颜料，银粉色

漆含有铝粉，珍珠漆含有云母颜料。由于铝粉和云母颜料都是金属或金属氧化物，所以银粉色漆和珍珠漆统称金属漆。

2．按施工工序分类

面漆按施工工序可分为单工序、双工序和三工序面漆等。

（1）单工序面漆指喷涂同一类涂料形成完整面漆层的喷涂系统。

（2）双工序面漆指喷涂两种不同的涂料才能形成完整面漆层的喷涂系统，通常先喷涂色漆，再喷涂罩光清漆，两种涂层结合在一起才能形成有质量保证的完整面漆层。

（3）三工序面漆喷涂更为复杂，如三工序珍珠漆通常先喷涂一层色漆，再喷涂一层珍珠漆，最后喷涂罩光清漆，三种涂层结合在一起才能形成完整面漆层。

一般单工序面漆的颜色比较单调，而三工序面漆的颜色比较丰富，但工序越多，施工及修复就越复杂。

三、单工序素色漆局部修复喷涂的要点

汽车涂装维修时，对要维修的部件做整板喷涂，很容易导致的一个问题就是新喷涂部件和相邻部件有色差。原因是喷涂方式对各种面漆颜色有很大影响，新喷涂部件的素色漆、银粉色漆、珍珠漆排列和相邻部件不同，加上清漆的新旧程度、鲜映性也有所不同，导致维修后的部件颜色和相邻部件颜色不同。为了避免这种情况，涂装修复的基本原则是色漆能够在一个部件内局部修复就不进行整喷，这种部件内局部修复在行业内一般称为"驳口"。

就喷涂方法和技巧而言，不同面漆并无不同，重点在于对喷枪调整、喷涂湿度、喷涂厚度、喷涂范围的掌握，使涂膜的厚度及喷涂范围在合理范围之内，而不是盲目扩大范围向外扫枪喷涂，这是修复时最常见的错误方法。

四、单工序素色漆喷涂时的注意事项

（1）当遮蔽边缘是密封条、饰条、把手等边界时，应沿这些边界贴护。当需要在部件内进行局部修复时，可以沿分型线进行反向遮蔽，以防产生面漆台阶，喷漆完成后，应对漆雾进行抛光。反向遮蔽是指遮蔽纸由喷涂区域朝外反折，使遮蔽纸形成一个圆弧，以防喷涂硬边。

（2）按照小修复的方法调整喷枪，喷枪扇面调整至 10～15cm，喷涂气压缩小至 100～200kPa，出漆量相应缩小。因为喷涂范围小，而且边缘要匀化过渡，所以喷涂速度较快，一般在 60cm/s 左右。

在起枪时，按下扳机的同时以弧形移动喷枪，在喷枪移动到离开喷涂区域边缘的位置时松开扳机，以保证底漆部位得到均匀遮蔽，而喷涂区域外侧边缘位置的驳口区域涂膜逐渐变薄使颜色得到过渡，如图 5-1 所示。

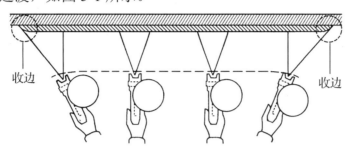

图 5-1　驳口修复时喷枪弧形移动喷涂

按照弧形走枪原则喷涂几层遮蔽中涂底漆，每层都要比上一层扩大且使边缘变薄，如果遮蔽底漆时弧形走枪的范围过小或厚度变薄，则会产生色漆修复痕迹。

（3）当中涂底漆是可调灰度底漆时，面漆遮蔽起来比较容易，喷涂层数可以减少，有利于驳口。否则，遮蔽中涂底漆的喷涂层数越多，每层扩大后的喷涂面积越大，扩喷时造成周边的漆尘就越多，不利于驳口修复。

（4）虽然驳口修复的喷涂面积较小，但每层之间仍需要保留一定的闪干时间，以色漆亮度消失或可指触为准。

 技能训练

一、所需的工具及材料

本任务所需的工具及材料如表 5-1 所示。

表 5-1　所需的工具及材料

类型	名称	规格/型号	图示
防护用品	手套	乳胶	
	防毒面具	过滤式	
	防护眼镜	—	

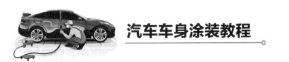

续表

类型	名称	规格/型号	图示
工具、材料	喷枪	1.3mm 口径	
	粘尘布	—	
	色漆	CLK-S 系列	
	稀释剂	标准	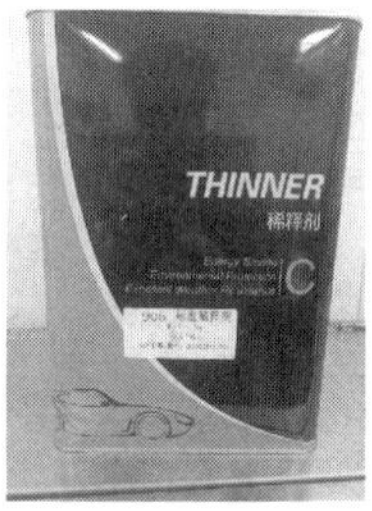
	电子秤	—	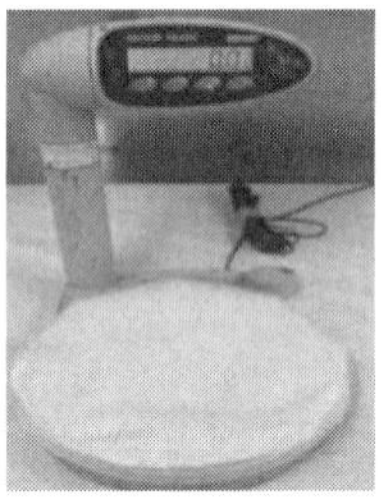
	固化剂	标准	

二、操作方法及步骤

本任务的操作方法及步骤如表 5-2 所示。

表 5-2　操作方法及步骤

作业内容及图示	技术规范及要求
正确穿戴防护用品 	按左图正确穿戴防护用品。 （1）防护眼镜。 （2）防毒面具。 （3）乳胶手套。 （4）喷漆服。 （5）安全鞋
根据色漆颜色要求，调配需要的颜色 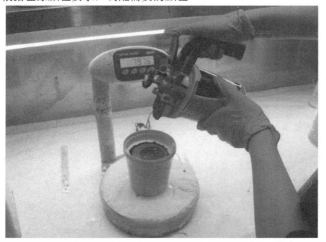	（1）按配方加入对应的色母，加入前需要在搅拌机上搅拌均匀，所有色母加入后，把调漆杯放到桌面上搅拌均匀。 （2）以此次喷涂车门为例，只需 350g 左右的色漆便可到达良好的光泽及纹理的要求
按比例加入固化剂和稀释剂 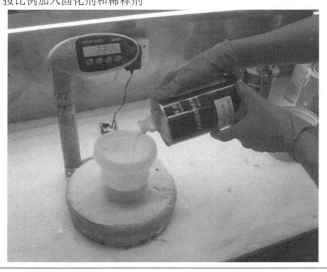	（1）根据产品手册，选择对应的固化剂和稀释剂，不同品牌的涂料不可混合使用。 （2）根据产品手册，确定素色漆的混合比例。参考质量比为 100g : 35.4g : (16.4～29.3)g，体积比为 2 : 1 : (0.5～1)进行调配

续表

作业内容及图示	技术规范及要求
用调漆尺搅拌色漆 	（1）将色漆与固化剂和稀释剂充分搅拌均匀，搅拌时调漆尺可以有意地沿壶壁上剐蹭，使壶壁上的油漆也充分搅拌均匀。 （2）沿免洗喷壶的壶壁顺时针方向（或逆时针方向）轻轻搅拌，可减少气泡产生。搅拌时应将免洗喷壶拿到桌面上，不要将其放置在电子秤上，以免压坏或污染电子秤
选用 1.3mm 口径的喷枪 	（1）选择口径为 1.3mm 的重力式喷枪，将喷壶安装好，并检查是否安装到位，以免色漆洒漏。 （2）用不同型号的喷枪喷涂底色漆时，要想得到良好的效果，必须选择合适的喷枪，并将喷枪各参数调整正确
调整出漆量 	对于整板喷涂色漆，可将出漆量调至 2～2.5 圈（用的是 SATA 面漆喷枪），各品牌喷枪调整略有不同

续表

作业内容及图示	技术规范及要求
调整喷幅 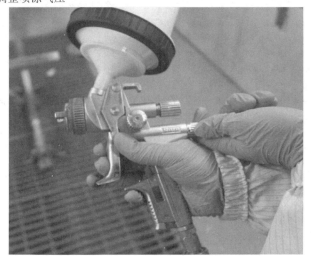	（1）整板喷涂时，可将喷涂扇面调整至最大或 3/4 开度。 （2）注意：先调喷幅，再调喷涂气压
调整喷涂气压 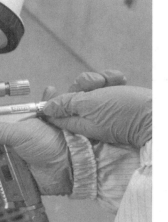	（1）按下扳机第一挡，使喷枪出气达到全开状态并保持，调节气压调节旋钮，使压力表为 2.0bar。 （2）保证压力正确，以免影响喷涂效果
测试喷枪，检查喷幅状况 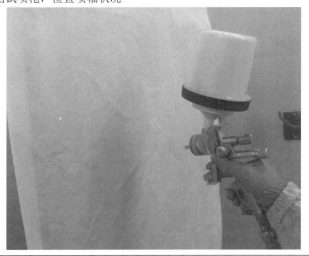	（1）当喷涂各参数调整好后，便可测试喷枪。通过测试喷枪观察喷枪调整是否正常，并判断涂料的雾化效果是否达到最佳状态。 （2）若喷幅未达到最佳状态，则需要继续调节喷涂气压、出漆量、扇面等参数

作业内容及图示	技术规范及要求
对板件进行粘尘 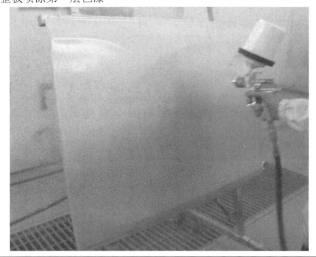	（1）先取出粘尘布，再展开粘尘布，粘尘时应先正面后边角，由上至下依次在工件上进行粘尘，避免二次污染 （2）注意擦拭力度，防止在工件表面残留"黏"性物质
整板喷涂第一层色漆 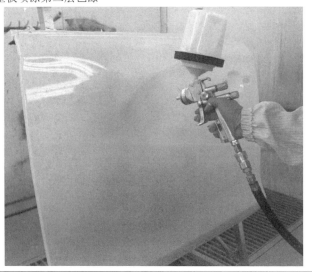	（1）喷涂时提高喷涂速度，喷涂距离为10～15cm，薄喷色漆，喷幅的重叠幅度为50%～75%，以半透明状的涂层为准，使板件上有一层薄薄的雾的感觉，可提高涂料与旧漆膜的附着力。 （2）涂层薄而均匀，有磨穿的可以先喷涂磨穿部位
整板喷涂第二层色漆	（1）喷涂时出漆量要大，减小喷涂距离，减慢喷涂速度，使漆膜达到一定的厚度，喷涂距离为10～15cm，喷幅的重叠幅度为 75%。该层要尽可能喷厚一点，但注意不能出现流挂现象。 （2）涂膜层厚度一致、颜色均匀、平整光滑

作业内容及图示	技术规范及要求
整板喷涂第三层色漆 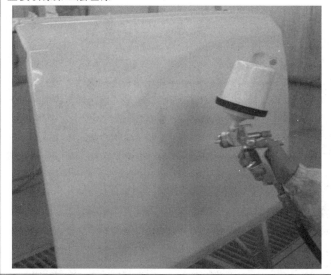	（1）静置一定时间，一般是 5～10min，按照第二层的喷涂顺序及喷涂方法正常喷涂一层。若颜色比较难遮盖，则可以在闪干后多喷涂 1、2 层，直到颜色一致。 （2）喷涂后整个工件表面应比第二层色漆更湿润，能清晰地看见灯管影子，注意不要喷涂过厚，否则会产生流挂现象
检查整板喷涂后效果 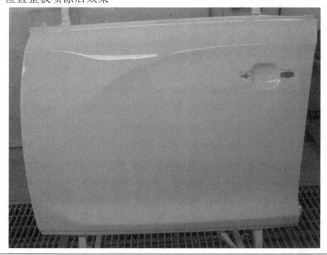	（1）闪干 10min 后，烘烤面漆。 （2）涂膜厚度均匀丰满，纹理平整光滑，颜色一致，光泽度高，无流痕，无明显缺陷
局部修复喷涂第一层色漆 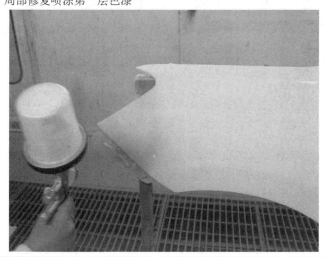	（1）按照从小到大的原则，先对中涂底漆部位喷涂 1、2 层，以预先遮蔽中涂底漆，每层之间需要预留 3～5min 的闪干时间。 （2）按照小修复的方法调整喷枪，喷枪扇面调整至 10～15cm，喷涂气压缩小至 1.0～2.0bar，出漆量相应缩小。因为喷涂范围小，而且边缘要匀化过渡，所以走枪速度较快，一般在 60cm/s 左右

作业内容及图示	技术规范及要求
局部修复喷涂第二层色漆 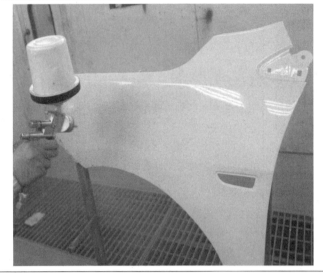	（1）第二层喷涂要比第一层喷涂的面积更大，喷涂至驳口区域，而喷涂区域外侧边缘位置的驳口区域涂膜逐渐变薄使颜色得到过渡。 （2）采用 2/3 重叠或 3/4 重叠全湿喷涂，根据遮蔽中涂底漆的需要，可继续扩大喷涂单工序素色漆面积直至遮蔽
喷涂驳口区域 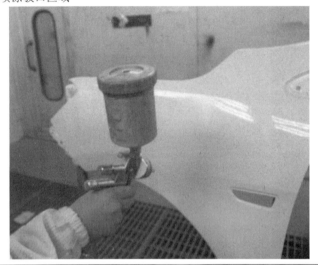	（1）完全遮蔽后，以 1∶1 的比例添加驳口稀释剂，与剩余素色漆混合并快速搅拌均匀后向驳口区域喷涂匀化。 （2）倒出混合物，使用纯驳口稀释剂继续向驳口区域喷涂匀化，直至合格
按照 6S 要求进行整理 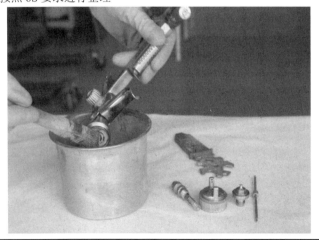	（1）关闭设备电源，整理喷涂设备和喷涂材料。 （2）清洗喷枪，将喷枪的枪针、风帽、喷嘴拆卸，用稀释剂彻底清洗，并用气枪吹干。 （3）清洗喷枪时，需要穿戴防护用品，包括喷漆服、安全鞋、防护眼镜、防毒面罩、防溶剂手套

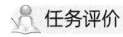 任务评价

本任务的评分表如表 5-3 所示。

表 5-3 单工序素色漆喷涂评分表

序号	项目	分值	技术要求/扣分要点	扣分	得分
1	个人安全防护	10	未按工序规范穿着喷漆服，扣 2.5 分		
			未按工序规范佩戴防护眼镜，扣 2.5 分		
			未按工序规范佩戴防毒面具，扣 2.5 分		
			未按工序规范穿戴手套，扣 2.5 分		
2	粘尘	10	喷涂前未对工件进行粘尘，扣 10 分；粘尘布使用方法错误，未充分展开粘尘布就对喷涂区域进行粘尘，扣 5 分		
	喷涂过程	10	使用吹风枪或喷枪吹色漆表面，每次扣 2 分，扣完为止		
	色漆露底	15	露底（漏喷）面积每 5cm×5cm 之内为一处，或者长度在 5cm 之内为一处，每处扣 5 分		
	面漆流平、均匀度、饱满度表现	20	面漆流平、均匀度、饱满度总体表现 1 级，不扣分（纹理、流平不抛光即可完美交车）； 2 级，扣 1～5 分（小于 25%面积抛光后完美交车）； 3 级，扣 6～10 分（行业内专业人员很难接受直接交车，抛光后可交车）；大面积（50%～75%需要抛光，扣 10 分；75%以上需要抛光，扣 15 分）； 4 级，扣 11～20 分［不可直接交车，抛光后可以接受交车，但抛光易于抛穿（导致重喷）部位有 1～3 处且主要处于边缘］		
	其他漆膜缺陷	30	存在鱼眼、起泡、针孔、印痕（含碰伤）、面漆流挂等需要返工重喷的缺陷，需要整喷面漆返工，扣 30 分；需要修复的面漆面积为 75%～99%，扣 20～30 分；需要修复的面漆面积为 50%～74%，扣 10～19 分；需要修复的面漆面积为 25%～49%，扣 5～9 分		
3	按照 6S 要求进行整理	5	工具没有放在地面上；使用完毕后，工具、工位未恢复原状；气管未归位。每种错误扣 1 分，扣完为止。出现摔落喷枪、洒漏油漆等严重失误，扣 5 分		
分数合计		100			

操作时间：30 分钟　　　　　　　　　　　　　　　　日期：　　年　　月　　日

 拓展练习

一、填空题

1．采用单工序的一般是＿＿＿＿＿，它可以简化涂装工艺，降低成本。

2．纯色漆也叫＿＿＿＿＿＿，是将各种颜色的颜料研磨得非常细小，均匀地分散在树脂基料中而制成的各种颜色的涂料。

3．单工序纯色漆一般喷涂＿＿＿＿＿＿，就能形成所需膜厚、光泽和色调。

4．一般单工序面漆的颜色比较单调，但容易＿＿＿＿＿。

5. 单工序面漆是指喷涂同一种涂料形成完整面漆层的_____。

二、判断题

1. 单工序面漆是双工序纯色漆的一种。 （　　）

2. 单工序面漆是指喷涂同一种涂料形成完整面漆层的喷涂系统。 （　　）

3. 采用单工序的一般是纯色漆，而且多是单组份涂料。 （　　）

4. 一般单工序面漆的颜色比较单调，但不易调色。 （　　）

5. 纯色漆可以制成单工序或双工序涂料。 （　　）

三、选择题

1. 调配好的漆料装到喷壶前（　　）。

A. 无须过滤　　　B. 应过滤　　　C. 随意

2. （　　）不适合调色时使用。

A. 防护眼镜　　　B. 棉纱手套　　　C. 防尘口罩　　D. 安全鞋

3. （　　）是涂料的主要成膜物。

A. 树脂　　　B. 溶剂　　　C. 颜料　　　D. 添加剂

4. （　　）面漆是喷涂同一种涂料形成完整面漆层的喷涂系统。

A. 单工序　　　B. 双工序　　　C. 三工序

5. 调试喷枪时，最后调节的是（　　）。

A. 喷幅　　　B. 喷涂气压　　　C. 出漆量

任务2 双工序银粉色漆喷涂

知识目标

1. 能够叙述双工序银粉色漆喷涂的方法。

2. 能叙述银粉色漆颜色的影响因素。

技能目标

1. 能够掌握双工序银粉色漆喷涂的工艺流程。

2. 能使用喷枪完成双工序银粉色漆喷涂。

案　例

一辆汽车在行驶过程中与另一辆汽车车身相刮蹭，导致右前门面漆受到损伤，经过专业的技师对车门进行分析，判断出漆面已经受损，需要进行专业的喷涂修复。经过清洁除油、损伤处理、底漆、原子灰、中涂底漆喷涂、面漆前处理的车门，其表面已经恢复了原状，现可以进行双工序银粉色漆喷涂。

相关知识

一、银粉色漆的特性

银粉色漆也叫金属漆，是以金属粉颗粒（以铝粉颗粒最为普遍）和普通着色颜料加入树脂基料配制而成的。

将细薄的铝粉加入涂料后，导致正、侧面颜色的深浅不同，出现闪闪发光的效果。银粉色漆中的着色颜料比一般纯色漆少，若不加入金属粉颗粒，则光线会直接穿透涂膜到达底层，涂膜的遮蔽力就不能完全发挥。金属粉颗粒具有反射作用，使银粉色漆的遮蔽力比一般纯色漆要高很多。金属粉颗粒的无序排列使得其在调色时比素色漆困难许多，所以调色需要一定的准确性，同时要求施工人员具有高标准的喷涂技术，这样银粉色漆才能在汽车修复作业中发挥出完美的效果。

二、喷涂方式对银粉色漆颜色的影响

施工条件、喷涂手法、喷涂环境对银粉色漆颜色的影响是一把双刃剑，我们可能把相同的颜色喷涂成不同的颜色而导致色差，但是合适的喷涂手法又能将有一定色差的颜色喷涂到看不出色差，由于喷涂是决定颜色的最后一道工序，所以正确的施工条件、喷涂手法是确保颜色正确无色差的关键。

正是因为施工条件、喷涂手法对银粉色漆颜色有影响，所以在调色过程中比对所调颜色与目标颜色的差别，一定要喷涂试喷板来比色，而且，喷涂试喷板一定要采用和喷涂汽车相同的手法和条件。例如，试喷板表面的中涂底漆颜色和车身表面要一致，喷枪的调整、喷涂手法都要保持一致，这样才能通过试喷板真实地反映正在微调的颜色与目标颜色之间的差异，从而调配出尽可能接近的颜色。

 技能训练

一、所需的工具及材料

本任务所需的工具及材料如表 5-4 所示。

表 5-4 所需的工具及材料

类型	名称	规格/型号	图示
防护用品	手套	乳胶	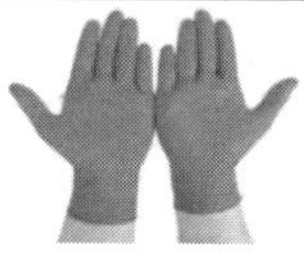
	防毒面具	过滤式	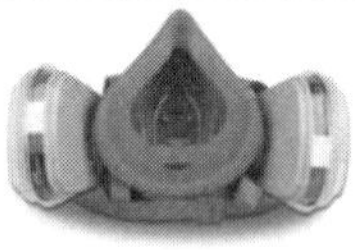
	防护眼镜	—	
工具、材料	喷枪	1.3mm 口径	
	粘尘布	—	
	银粉色漆	CLK-M 系列	
	稀释剂	标准	
	电子秤	—	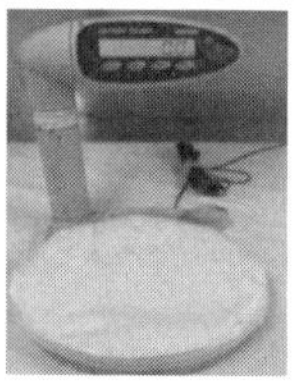
	对色灯	—	

二、操作方法及步骤

本任务的操作方法及步骤如表 5-5 所示。

表 5-5　操作方法及步骤

作业内容及图示	技术规范及要求
正确穿戴防护用品 	按左图正确穿戴防护用品。 （1）防护眼镜。 （2）防毒面具。 （3）乳胶手套。 （4）喷漆服。 （5）安全鞋
将双工序银粉色漆倒入喷壶 	（1）按配方加入对应的色母，加入前需要在搅拌机上搅拌均匀，把所有色母加入后，把调漆杯放到桌面上搅拌均匀。 （2）以此次喷涂车门为例，在选择合适灰度的中涂底漆的前提下，只需使用 200g 左右的双工序银粉色漆便可达到遮蔽要求
按比例加入稀释剂 	（1）应按产品使用手册要求，根据环境湿度等因素酌情加入稀释剂。 （2）具体调配比例可查阅产品使用手册，如某银粉色漆比为 1∶1.2（银粉色漆为 1，稀释剂为 1.2）

续表

作业内容及图示	技术规范及要求
用调漆尺搅拌色漆 	（1）将色漆与稀释剂充分搅拌均匀，搅拌时调漆尺可以有意地沿壶壁上剐蹭，使壶壁上的色漆与稀释剂充分搅拌均匀。 （2）沿调漆杯的杯壁顺时针方向（或逆时针方向）轻轻搅拌，可减少气泡产生。搅拌时应将调漆杯拿到桌面上，不要将其放置在电子秤上，以免压坏或污染电子秤
选用 1.3mm 口径的喷枪 	（1）选择口径为 1.3mm 的重力式喷枪，将喷壶安装好，并检查是否安装到位，以免色漆洒漏。 （2）用不同型号的喷枪喷涂色漆时，要想得到良好的效果，必须选择合适的喷枪，并将喷枪各参数调整正确
调整出漆量 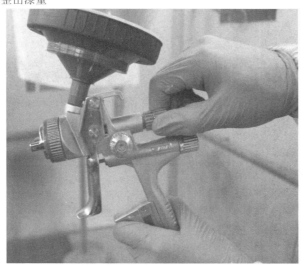	对于整板喷涂色漆，可将出漆量调至 2～2.5 圈（用的是 SATA 面漆喷枪），各品牌喷枪调整略有不同

续表

作业内容及图示	技术规范及要求
调整喷幅 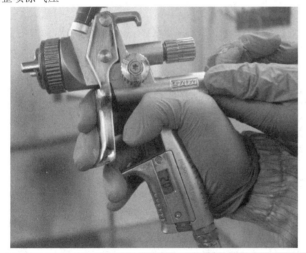	（1）整板喷涂时，可将喷涂扇面调整至最大或3/4开度。 （2）注意：先调喷幅，再调喷涂气压
调整喷涂气压	（1）按下扳机第一挡，使喷枪出气达到全开状态并保持，调节气压调节旋钮，使气压表为2.0bar。 （2）保证气压正确，以免影响喷涂效果
测试喷枪，检查喷幅状况 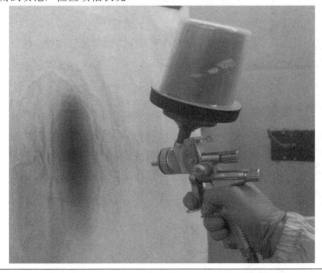	（1）当喷涂各参数调整好后，便可测试喷枪。通过测试喷枪观察喷枪调整是否正常，并判断涂料的雾化效果是否达到最佳状态。 （2）若喷幅未达到最佳状态，则需要继续调节喷涂气压、出漆量、扇面等参数

作业内容及图示	技术规范及要求
对板件进行粘尘处理 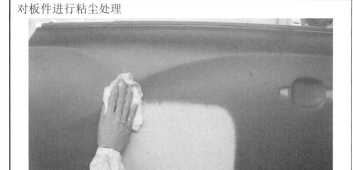	（1）先取出粘尘布，再展开粘尘布，粘尘时应先正面后边角，由上至下依次在工件上进行粘尘，避免二次污染。 （2）注意擦拭力度，防止在工件表面残留"黏"性物质
整板喷涂第一层色漆（雾喷层） 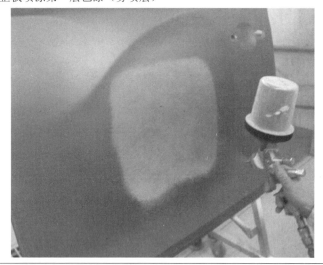	（1）将板件上有中涂底漆的地方、面漆磨穿的地方、颜色与面漆颜色不一致的地方薄薄地雾喷一次。对于底材比较好的工件，如固化较好的旧涂层、整块喷涂过封闭底漆的表面，可以不用雾喷，直接进入下一步。 （2）喷涂第一层时，适当加快喷涂速度
整板喷涂第二层色漆（湿层） 	（1）闪干后可进行第二层喷涂。按照先喷涂板件边缘，再喷正面的顺序，将工件正常均匀地湿喷一遍。 （2）喷完后要求涂层保证足够的湿润性，但是也不能太厚。第二层喷涂完之后，静置，待涂膜表面没有光泽之后再检查涂膜的遮蔽效果，如果没有遮蔽底材，应该按照第二层的方法再将工件整个喷涂1、2层，直至彻底遮蔽底层

续表

作业内容及图示	技术规范及要求
双工序银粉色漆层闪干 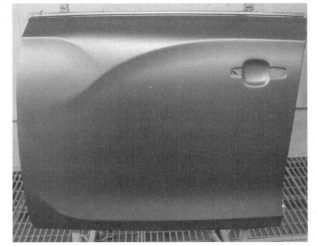	（1）在喷涂下一层前，必须留有足够的闪干时间，根据环境温度的不同，一般需要 3～5min。若闪干时间不足，则容易产生流挂现象。 （2）对于色漆，漆面必须完全达到哑光状态
调整喷枪（效果层喷涂） 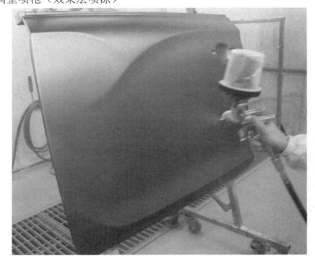	（1）效果层需要采用雾喷的方法进行喷涂。喷涂时可适当增大喷涂距离，减小喷幅重叠。 （2）喷涂效果层前，需要再次调节喷枪各参数。（以 SATA jet5000B HVLP 1.3 喷枪为例）：出漆量打开 2 圈，喷幅全开，气压为 2.5bar。 （3）喷涂的目的是消除斑纹，所以要保证色漆干燥之后形成颜色、纹理一致的效果，如有银粉发花，可以多喷 1、2 层
局部修复喷涂第一层色漆 	（1）按照小修复的方法调整喷枪，先喷涂中涂底漆部位，喷枪扇面调整至 10～15cm，喷涂气压缩小至 1.0～2.0bar，出漆量相应缩小。 （2）喷涂范围小，而且边缘要匀化过渡，所以喷涂速度应较快，一般在 60cm/s 左右

续表

作业内容及图示	技术规范及要求
局部修复喷涂第二层色漆 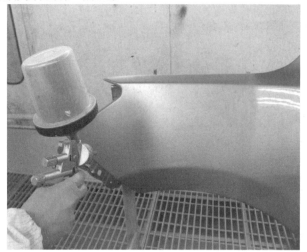	（1）色漆喷涂必须在驳口区域，并预留出清漆喷涂区域。 （2）在起枪时，捏下扳机的同时以弧形移动喷枪，在喷枪移动到离开喷涂区域边缘的位置时应松开扳机，以保证底漆部位得到均匀遮蔽，而喷涂区域外侧边缘位置的驳口区域涂膜逐渐变薄使颜色得到过渡。 （3）如果没有遮蔽底材，应该按照第二层的方法再喷涂1、2层，直至彻底遮蔽底层
局部修复喷涂后效果 	喷涂后色漆无修补痕迹、起花、色差、流挂、露底现象
按照6S要求进行整理 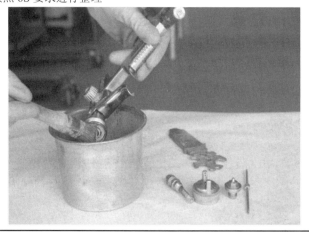	（1）关闭设备电源，整理喷涂设备和喷涂材料。 （2）清洗喷枪，将喷枪的枪针、风帽、喷嘴拆卸，用稀释剂彻底清洗，并用气枪吹干。 （3）清洗喷枪时，需要穿戴防护用品，包括喷漆服、安全鞋、防护眼镜、防毒面罩、乳胶手套

任务评价

本任务的评分表如表 5-6 所示。

表 5-6　双工序银粉色漆喷涂评分表

序号	项目	分值	技术要求/扣分要点	扣分	得分
1	个人安全防护	5	① 防护眼镜、安全鞋、喷漆服、防毒面具、防噪耳塞和乳胶手套。 ② 整个操作过程中有一项防护用品穿戴错误或未穿戴，不得分；短时间摘除防护眼镜检查工件或擦干净防护眼镜，不扣分		
2	粘尘	15	喷涂前未对工件进行粘尘，扣 15 分；粘尘布使用方法错误，直接用拆封粘尘布对喷涂区域进行粘尘，扣 5 分（未充分展开）		
3	喷涂过程	15	① 在喷涂下一层色漆前观察漆面（色漆主哑光以判断闪干；喷涂过程中无打磨、补喷操作）。 ② 在喷涂下一层色漆前未观察漆面，监考员发现色漆未闪干，每次扣 5 分。 ③ 因自身原因造成喷涂过程中打磨、补喷，每次扣 5 分，扣完为止		
4	底色漆露底、起花（起云）、流挂	60	区分明显或不明显（主观评分，明显类：在 45°、90°、135° 三个角度中，有两个及以上角度明显可见），明显类，露底（漏喷）、起云、流挂面积每 5cm×5cm 之内为一处，或者长度在 5cm 之内为一处，每处扣 5 分；面积大于 5cm×5cm 或长度大于 5cm 时按倍数扣分。 不明显类（某一个特定角度可见，较不明显，可交车），面积每 5cm×5cm 之内为一处，每处扣 3 分，扣完为止；面积大于 5cm×5cm 或长度大于 5cm 时按倍数扣分		
5	按照 6S 要求进行整理	5	工具没有放在地面上；使用完毕后，工具、工位未恢复原状；气管未归位。每种错误扣 1 分，扣完为止。出现摔落喷枪、洒漏油漆等严重失误，扣 5 分		
分数合计		100			

操作时间：30 分钟　　　　　　　　　　　　　　　　　　　日期：　　年　　月　　日

 拓展练习

一、判断题

1．双工序银粉色漆在颜色遮蔽后，必须进行一层雾喷。　　　　　　　　　（　　　）

2．在喷涂后，抛光并非是必须的，只是为了除去一些尘点等小缺陷。　　（　　　）

3．为了喷涂均匀，建议喷枪的重叠幅度在 50% 以下。　　　　　　　　　（　　　）

4．可以在阳光直射下或使用太阳灯检查银粉颗粒的闪亮程度。　　　　　（　　　）

5．面漆是银粉色漆，水磨中涂漆应使用 P1500 以上砂纸。　　　　　　　（　　　）

二、选择题

1．使银粉色漆颜色变亮的方法是（　　　）。

A．采用干喷　　　B．采用湿喷　　　C．减少稀释剂　　　D．降低气压

2．在双工序银粉色漆喷涂前选用稀释剂的型号时，只要注意（　　　）。

A．速度　　　　　　B．面积　　　　　　C．温度及面积

3．面漆是银粉色漆，干磨中途漆应使用砂纸是（　　　）。

A．P320　　　　　　B．P400　　　　　　C．P500　　　　　　D．P600

4．采用哪种喷涂操作会使银粉色漆的颜色显得暗一些？（　　　）

A．快干稀释剂　　　B．高气压　　　　　C．低气压　　　　　D．以上都不对

任务3　三工序珍珠漆喷涂

 知识目标

1．能叙述三工序珍珠漆颜色的影响因素。

2．能叙述三工序面漆喷涂的方法。

 技能目标

能使用喷枪完成三工序珍珠漆喷涂。

 案　例

一辆汽车右前翼子板漆面受到轻微的损伤，无须钣金修复，按照维修的作业流程，需要进行三工序珍珠漆喷涂。根据质量要求，需要经过去除旧漆及制作羽状边、原子灰刮涂及打磨、中涂底漆喷涂、面漆前处理才能进行下一道工序，现要求对该汽车进行涂装修复过程中的面漆局部修复喷涂。请你先对翼子板进行清洁检查，然后根据工艺流程进行规范的三工序珍珠漆喷涂。

相关知识

一、三工序珍珠漆的概述

三工序珍珠漆以白珍珠最为常见，这类颜色需要先喷涂底层白色纯色底色漆，再喷涂半透明的白珍珠色漆（云母），最后喷涂清漆。三种涂层共同构成完整面漆层，所以被称为三工序面漆。三工序面漆的两层色漆分别称为三工序底层底色漆、三工序珍珠漆（层），行业内一般统称三工序色漆或三工序珍珠漆。和双工序面漆相比，三工序面漆多了一层色漆，且其珍珠漆为半透明，一方面底层颜色能反射出来，另一方面半透明的珍珠漆叠加了

透射、反射、干涉几种效果，使正、侧面色调反差强烈，所以成为人们非常喜欢的颜色，从而被汽车制造商广泛使用。三工序面漆的效果丰富，但整喷、修复难度都较双工序面漆大，故三工序面漆整喷属于技师应达到的技能水平，而修复属于高级技师应达到的技能水平。

面漆的喷涂难度与面漆种类、颜色深浅、所含颜料，尤其是金属或云母颗粒的含量高低有很大的关系，其难度的次序依次如下。

（1）单工序纯色漆。

（2）双工序纯色漆。

（3）双工序普通银粉色漆、珍珠漆。

（4）双工序高难度银粉色漆、珍珠漆。

（5）三工序珍珠漆。

二、三工序珍珠漆喷涂时的注意事项

（1）喷涂三工序底层底色漆时，要确保颜色完全遮蔽中涂底漆后再喷涂下一层。颜色越炫、越鲜艳夺目，遮蔽中涂底漆的难度就越大。所以要采用此面漆配方中指示灰度的中涂底漆，或者在喷涂颜色层之前先喷涂一层灰度底色漆，否则，下面的中涂底漆的颜色还是能通过颜色层透射出来，最终面漆的颜色就会不正确。

（2）当三工序面漆的底层底色漆是银粉色漆或珍珠漆时，遮蔽中涂底漆后，要像双工序银粉色漆、珍珠漆一样加喷雾喷层，使银粉、珍珠颗粒的排列方式类似原厂漆，避免银粉、珍珠颗粒下沉，排列不够平，导致颗粒较细、密度较小，颜色鲜艳度高于原厂漆。

（3）三工序珍珠漆喷涂时，较双工序珍珠漆喷涂的湿度低一些，刚开始喷涂的涂装技师可以采用 1/2 重叠，以防珍珠颗粒排列不均匀导致起花。

（4）喷涂层数及喷涂湿度会影响最终面漆的颜色，一般来说，喷涂层数越多，喷涂湿度越大，颜色就越鲜艳，越偏深一些。例如，清漆随着喷涂厚度的增加，颜色会加深，鲜艳度会变高。正是由于三工序珍珠漆或清漆多喷一层和少喷一层，颜色会有很大差别，所以为了确保颜色准确，喷涂汽车前应喷涂试喷板比色，即在一块试喷板上喷涂好颜色层后，喷涂 2～4 层珍珠漆或清漆，和车身相比较，看喷涂了几层的颜色和车色比较接近，车身就喷涂几层。

（5）由于三工序珍珠漆的喷涂层数较多，因此一定要保证每层之间有充足的闪干时间，否则会因为溶剂或水性漆的去离子水挥发不足，造成后续清漆喷涂后出现痱子、失光、变色乃至附着力不良等现象。

汽车车身涂装教程

技能训练

一、所需的工具及材料

本项目所需的工具及材料如表 5-7 所示。

表 5-7　所需的工具及材料

类型	名称	规格/型号	图示
防护用品	手套	乳胶	
	防毒面具	过滤式	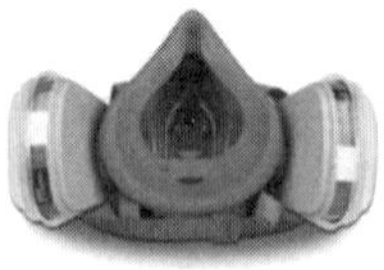
	防护眼镜	—	
工具、材料	喷枪	1.3mm 口径	
	粘尘布	—	
	免洗喷壶	油性	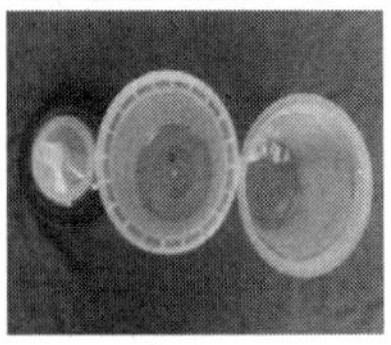
	底色漆、珍珠漆	CLK-M11	
	稀释剂	标准	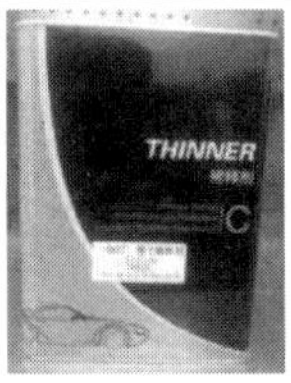

续表

类型	名称	规格/型号	图示
工具、材料	除油剂	802	
	对色灯	—	

二、操作方法及步骤

本任务的操作方法及步骤如表 5-8 所示。

表 5-8　操作方法及步骤

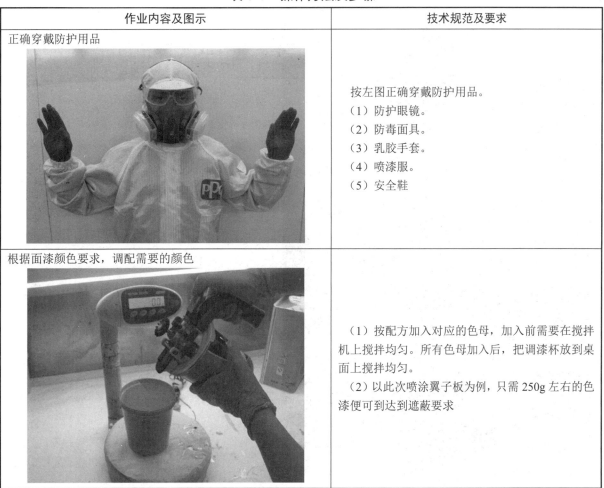

作业内容及图示	技术规范及要求
正确穿戴防护用品	按左图正确穿戴防护用品。 （1）防护眼镜。 （2）防毒面具。 （3）乳胶手套。 （4）喷漆服。 （5）安全鞋
根据面漆颜色要求，调配需要的颜色	（1）按配方加入对应的色母，加入前需要在搅拌机上搅拌均匀。所有色母加入后，把调漆杯放到桌面上搅拌均匀。 （2）以此次喷涂翼子板为例，只需 250g 左右的色漆便可到达到遮蔽要求

作业内容及图示	技术规范及要求
按比例加入稀释剂 	（1）应按产品使用手册要求，根据环境湿度等因素酌情加入稀释剂。 （2）按照质量比为125g : (125～135)g、体积比为1 : 1.2进行调配
用调漆尺搅拌底色漆 	（1）将色母与稀释剂充分搅拌均匀，搅拌时调漆尺可以有意地沿壶壁上刷蹭，使壶壁上的油漆也充分搅拌均匀。 （2）沿调漆杯的杯壁顺时针方向（或逆时针方向）轻轻搅拌，可减少气泡产生。 （3）搅拌时应将调漆杯拿到桌面上，不要将其放置在电子秤上，以免压坏或污染电子秤
选用1.3mm口径的喷枪 	（1）选择口径为1.3mm的重力式喷枪，将喷壶安装好，并检查是否安装到位，以免色漆洒漏。 （2）用不同型号的喷枪喷涂底色漆时，要想得到良好的效果，必须选择合适的喷枪，并将喷枪各参数调整正确

续表

作业内容及图示	技术规范及要求
对板件进行粘尘处理 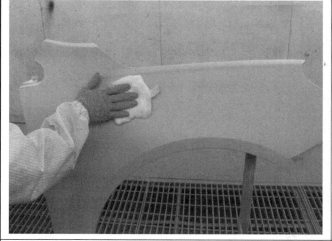	（1）先取出粘尘布，再展开粘尘布，粘尘时应先正面后边角，由上至下依次在工件上粘尘，避免二次污染。 （2）注意擦拭力度，防止在工件表面残留"黏"性物质
调整出漆量 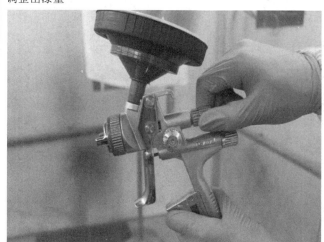	（1）整板喷涂时，可将出漆量调至 2～2.5 圈（用的是 SATA 底漆喷枪），各品牌喷枪调整略有不同。 （2）将涂料流量调节旋钮按顺时针方向拧紧后再退出两圈，锁紧锁止螺母
调整喷幅 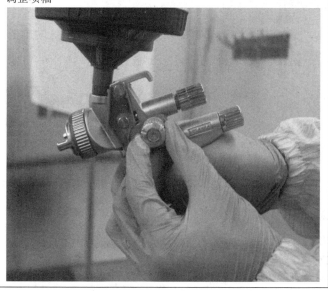	（1）整板喷涂时，可将喷幅调整至最大或 3/4 开度。 （2）注意：先调喷幅，再调喷涂气压

作业内容及图示	技术规范及要求
调整喷涂气压 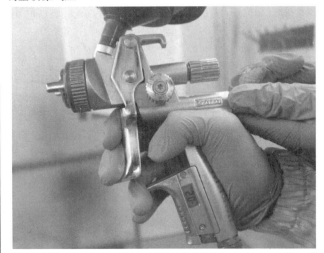	（1）整板喷涂时，调节气压调节旋钮将气压调整至 2.0bar。 （2）严格按照涂料产品说明书所提供的喷涂参数调整喷枪的最佳喷涂气压
测试喷枪，检查喷幅状况 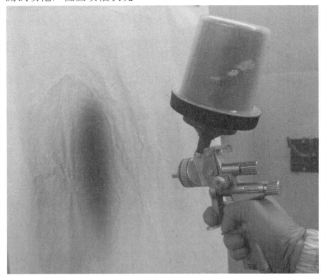	（1）当喷涂各参数调整好后，便可测试喷枪。通过测试喷枪观察喷枪调整是否正常，并判断涂料的雾化效果是否达到最佳状态。 （2）若喷幅未达到最佳状态，则需要继续调节喷涂气压、出漆量、扇面等参数
喷涂第一层色漆（雾喷层） 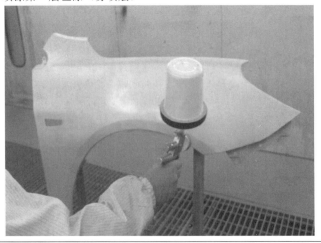	（1）将工件表面从上往下薄薄地雾喷一层。此次喷涂一定不能过厚，只需达到均匀的薄薄一层，有轻微的光泽即可。 （2）涂层薄而均匀，有磨穿的可以先喷涂磨穿部位

续表

作业内容及图示	技术规范及要求
喷涂第二层色漆（湿层） 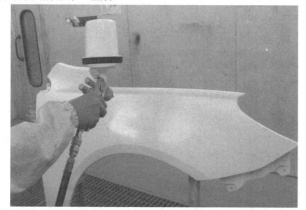	（1）将工件按照先内后外，先边后面，先上后下的顺序正常喷涂一层。 （2）涂膜层厚度一致、颜色均匀、平整光滑
底色漆层闪干 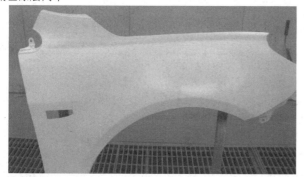	（1）在喷涂下一层前，必须留有足够的闪干时间，根据环境温度的不同，一般需要 3～5min。 （2）对于底色漆，只有当漆面完全达到哑光状态时，才可喷涂下一层
调整喷枪喷涂珍珠漆 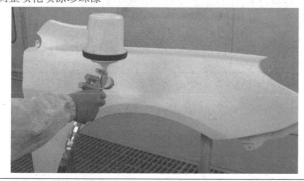	（1）效果层需要采用雾喷的方法进行喷涂。 （2）喷涂时可适当增大喷涂距离，减小喷幅重叠幅度。喷涂效果层前，需要再次调节喷枪各参数（以 SATA 5000B HVLP 喷枪为例） 表格见下
按照 6S 要求进行整理 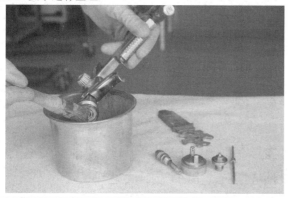	（1）关闭喷漆房设备电源，清洗喷枪，整理喷涂设备和喷涂材料。 （2）将喷枪的枪针、风帽、喷嘴拆卸，用稀释剂彻底清洗，并用气枪吹干。清洗喷枪时，需要穿戴防护用品，包括喷漆服、安全鞋、防护眼镜、防毒面罩、乳胶手套

出漆量	喷幅	喷涂气压
打开 2 圈	全开	2.5bar

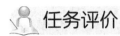

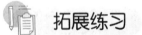 **任务评价**

本任务的评分表如表 5-9 所示。

表 5-9　三工序珍珠漆喷涂评分表

序号	项目	分值	技术要求/扣分要点	扣分	得分
1	个人安全防护	5	① 防护眼镜、安全鞋、喷漆服、防毒面具、防噪耳塞和乳胶手套。 ② 整个操作过程中有一项防护用品穿戴错误或未穿戴，不得分；短时间摘除防护眼镜检查工件或擦干净防护眼镜，不扣分		
2	粘尘	15	喷涂前未对工件进行粘尘，扣 15 分；粘尘布使用方法错误，直接用拆封粘尘布对喷涂区域进行粘尘，扣 5 分（未充分展开）		
3	喷涂过程	15	① 在喷涂下一层色漆前观察漆面（色漆至哑光以判断闪干；喷涂过程中无打磨、补喷操作）。 ② 在喷涂下一道前色漆未观察漆面，监考员发现色漆未闪干，每次扣 5 分。 ③ 因自身原因造成喷涂过程中打磨、补喷，每次扣 5 分，扣完为止		
4	底色漆露底、起花（起云）、流挂	60	区分明显或不明显（主观评分，明显类：在 45°、90°、135° 三个角度中，有两个及以上角度明显可见），明显类，露底（漏喷）、起云、流挂面积在 5cm×5cm 之内为一处，或者长度为 5cm 之内为一处，每处扣 5 分；面积大于 5cm×5cm 或长度大于 5cm 时按倍数扣分。 不明显类，（某一个特定角度可见，较不明显，可交车）面积在 5cm×5cm 之内为一处，每处扣 3 分，扣完为止；面积大于 5cm×5cm 或长度大于 5cm 时按倍数扣分		
5	按照 6S 要求进行整理	5	工具没有放在地面上；使用完毕后，工具、工位未恢复原状；气管未归位。每种错误扣 1 分，扣完为止。出现摔落喷枪、洒漏油漆等严重失误，扣 5 分		
分数合计		100			

操作时间：30 分钟　　　　　　　　　　　　　　　　日期：　　年　　月　　日

拓展练习

一、填空题

1. 面漆的分类方法有很多，按颜色效果可分为_____。

2. 按施工工序可分为_____等。

3. 纯色漆只含有_____颜料，银粉色漆含有_____，珍珠漆含有_____颜料。

二、判断题

1. 在汽车生产的面漆涂装线上，先喷涂底色漆，再喷涂珍珠色漆，最后喷涂清漆，所以被称为三工序。　　　　　　　　　　　　　　　　　　　　　　（　　）

2. 三工序面漆层包括底色层、颜色层（珍珠层）和清漆层。　　　　　　（　　）

3. 三工序珍珠漆喷涂较厚，正面的珍珠颗粒明显，侧面反而会逐渐变亮。　（　　）

三、选择题

1. 在下列防护用品中，适合喷涂工作的是（　　　　）。

A．棉纱手套　　　　B．防护眼镜　　　　C．呼吸面罩　　　　D．安全鞋

2. 影响三工序珍珠漆颜色的主要因素有（　　　　）。

A．底色漆　　　　B．喷涂层数　　　　C．清漆　　　　D．喷涂气压

任务 4　清漆喷涂

 知识目标

1. 能叙述清漆喷涂的方法。
2. 了解清漆材料知识。

 技能目标

1. 能够掌握清漆喷涂的工艺流程。
2. 能使用喷枪完成清漆喷涂。

 案　例

一辆汽车在行驶过程中与另一辆汽车车身相剐蹭，导致两辆车的前翼子板受到不同程度的损伤，经过专业的技师对这两辆车的车身进行分析，判断出漆面受损比较严重，需要进行专业的喷涂修复。经过清洁除油、损伤处理、底漆、原子灰、中涂底漆、面漆前处理、色漆喷涂的车门，现需要进行清漆喷涂。

▶ **相关知识**

一、清漆的概述

清漆主要配合底色漆使用，使用最多的是罩光清漆，在工艺上它与底色漆是不可分的，一般先喷涂底色漆，再喷涂清漆，清漆为底色漆提供光泽和保护层。底色漆一般是金属闪光漆，漆膜不能过厚（一般为 10～15μm），否则将影响闪光效果。清漆层的厚度一般为 35～45μm，分为自干型和烘干型。原厂涂装一般为高温烤漆，烘烤温度为 120～150℃，时间为半小时。自干型清漆一般用于维修行业，它既能在室温下自然干燥，又能低温烘烤，烘烤温度为 50～80℃。

二、清漆的特点

清漆一般拥有减少紫外线照射的功能，只要清漆层完好无损，就可有效延缓色漆的老化。目前原厂采用的清漆材料主要为高温固化的单组份聚氨酯或聚酯类，修复漆常用的清漆材料主要为自然固化的双组份丙烯酸酯类。因为单组份清漆几乎没有人使用，下面重点介绍双组份清漆喷涂。

三、清漆喷涂工艺

清漆喷涂工艺需要按照涂料生产商的技术说明来执行，下面以某品牌 CLK-535 镜亮套装清漆为例，介绍其工艺流程，如图 5-2 所示。某品牌 CLK-535 镜亮套装清漆喷涂的工艺流程包括混合配比、喷涂黏度、喷涂气压、喷涂方法、干燥时间等。

CLK-535镜亮套装清漆

产品概述

普通丙烯酸聚氨酯罩光清漆。此清漆以套装形式，捆绑固化剂和稀释剂销售，该产品性价比高，适用于一般汽车及工程机械的表面罩光。其施工性、干燥性好，光泽高。

产品特性

◆清澈透明液体。
◆经济型，性价比较高。
◆干燥时间短。
◆光泽高，具有极佳的镜面效果。
◆施工性好，流平快，手感好。

产品用途

用于单组份金属底色漆表面罩光。

配套产品

固化剂：C系列面漆固化剂（CLK-611快干、CLK-612标准、CLK-613慢干）
稀释剂：C系列通用稀释剂(CLK-901快干、CLK-902标准、CLK-903慢干)

施工参数

	混合配比	CLK-535套装清漆　2体积 C系列面漆固化剂　1体积 C系列通用稀释剂　0.2～0.5体积
	使用时限	3～4h，20℃
	喷涂黏度	16～20s（涂-4杯于20℃）
	喷涂工具	上壶喷枪口径1.2～1.5mm 下壶喷枪口径1.2～1.7mm
	喷涂气压	枪压为3～5千克/cm²
	喷涂方法	喷2层单湿喷或喷3层单湿喷，喷涂距离为15～20cm 每层挥发时间为10～15min（在20℃时）
	漆膜厚度	40～60μm

		配套固化剂	挥发时间	不粘尘时间	可装配时间
	干燥时间	CLK-611快干固化剂	5min/20℃时	20min/20℃时	20min/60℃ 12h/20℃
		CLK-612标准固化剂	10min/20℃时	30min/20℃时	30min/60℃ 15h/20℃
		CLK-613慢干固化剂	15min/20℃时	50min/20℃时	40min/60℃ 20h/20℃

图 5-2　某品牌 CLK-535 镜亮套装清漆喷涂的工艺流程

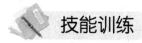

一、所需的工具及材料

本项目所需的工具及材料如表 5-10 所示。

表 5-10   所需的工具及材料

类型	名称	规格/型号	图示
防护用品	手套	乳胶	
	防毒面具	过滤式	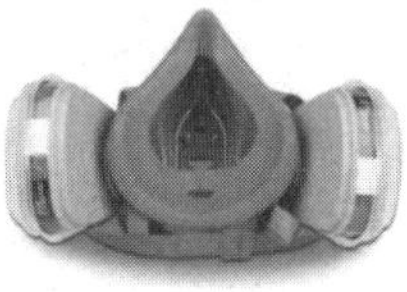
	防护眼镜	—	
工具、材料	喷枪	1.3mm 口径	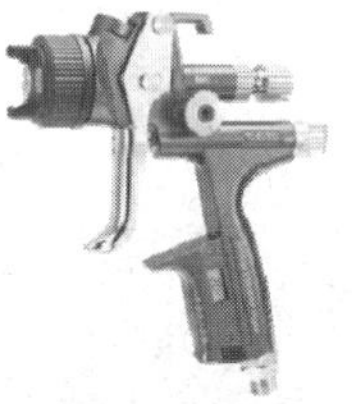
	粘尘布	—	
	免洗喷壶	油性	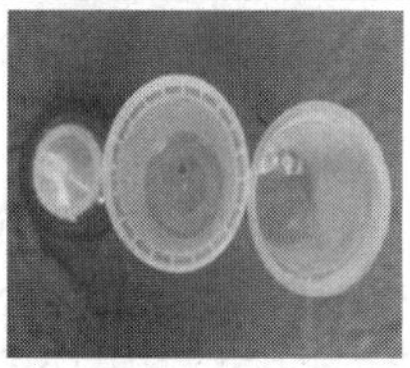
	清漆套装	镜亮清漆 535B	

续表

类型	名称	规格/型号	图示
工具、材料	稀释剂	标准	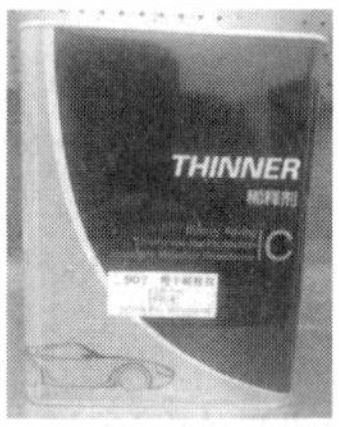
	电子秤	—	

二、操作方法及步骤

本任务的操作方法及步骤如表5-11所示。

表5-11　操作方法及步骤

作业内容及图示	技术规范及要求
正确穿戴防护用品 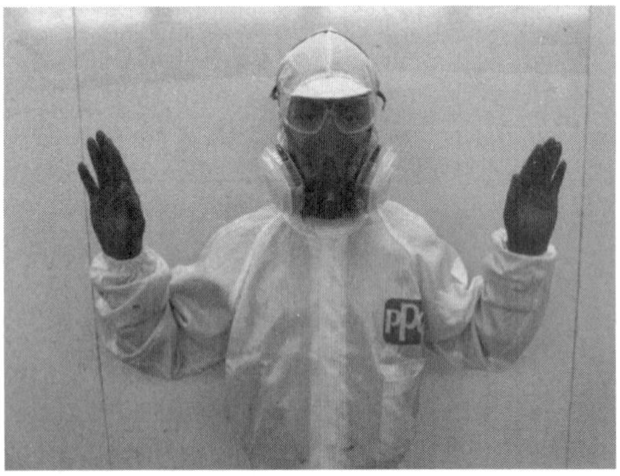	按左图正确穿戴防护用品。 （1）防护眼镜。 （2）防毒面具。 （3）乳胶手套。 （4）喷漆服。 （5）安全鞋
根据用量倒入清漆 	（1）倒入清漆之前要先放置新的内胆。喷壶外壳上有刻度，可以根据喷涂面积选择倒入的清漆量，以免浪费。 （2）以此次喷涂车门为例，只需350g左右的清漆便可到达良好的光泽及纹理的要求。若用量过多，涂层过厚，不仅会延长闪干时间，还会产生流挂现象，甚至可能在烘烤过程中产生严重痱子、溶剂泡等缺陷，影响最终效果

续表

作业内容及图示	技术规范及要求
按比例加入固化剂、稀释剂 	（1）按照产品手册，选择对应的固化剂、稀释剂。不同品牌的涂料不可混合使用。 （2）按照质量比为 220g∶110g∶20g、体积比为 2∶1∶(0.2～0.5)进行调配
将清漆与固化剂、稀释剂进行搅拌 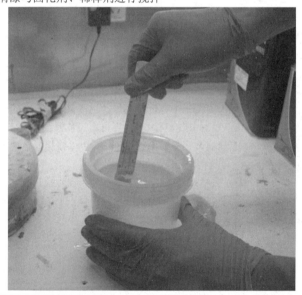	（1）将清漆与固化剂、稀释剂充分搅拌均匀，搅拌时调漆尺可以有意地沿壶壁上刷蹭，使壶壁上的油漆也充分搅拌均匀。 （2）沿免洗喷壶的壶壁顺时针方向（或逆时针方向）轻轻搅拌，可减少气泡产生。搅拌时应将免洗喷壶拿到桌面上，不要将其放置在电子秤上，以免压坏或污染电子秤
选用 1.3mm 口径的喷枪 	（1）选择口径为 1.3mm 的重力式喷枪，将喷壶安装好，并检查是否安装到位，以免色漆洒漏。 （2）用不同型号的喷枪喷涂底色漆时，要想得到良好的效果，必须选择合适的喷枪，并将喷枪各参数调整正确

作业内容及图示	技术规范及要求
将喷壶安装到喷枪上 	左手固定喷壶,右手持喷枪,将螺纹口对准后,沿顺时针方向拧紧
调节出漆量 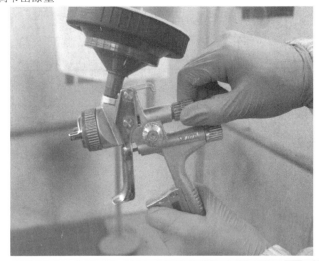	(1)调节涂料流量调节旋钮可调节适用不同喷雾形状所需的涂料流量(出漆量),拧紧螺母、出漆量减小;拧松螺母,出漆量增大。 (2)整板喷涂时,可将出漆量调至2～2.5圈。在局部修复喷涂的过程中,可以根据具体情况适当地减小出漆量。 (3)调节好出漆量后需要将锁止螺母旋紧,避免在喷涂过程中不小心碰到涂料流量调节旋钮导致出漆量变化(指用SATA喷枪)
调节喷幅 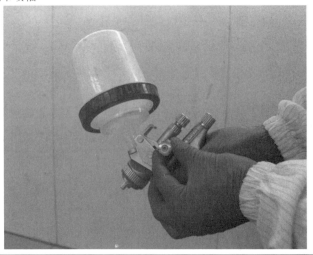	(1)调节喷涂扇面时,将扇面调节旋钮旋紧到最小,可使喷涂扇面的直径变小,喷涂到板件上的形状呈圆形;将扇面调节旋钮完全打开,可使喷涂扇面变成宽的椭圆形。 (2)整板喷涂时,可将喷涂扇面调整至最大或3/4开度。在局部修复喷涂的过程中,可以根据喷涂面积适当调小扇面

续表

作业内容及图示	技术规范及要求
调节喷涂气压 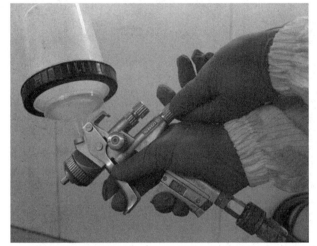	在整板喷涂清漆时，可将喷涂气压调至 2.0bar。局部修复喷涂时，应根据个人喷涂习惯适当减小喷涂喷幅、出漆量和喷涂气压
测试喷枪，检查喷幅状况 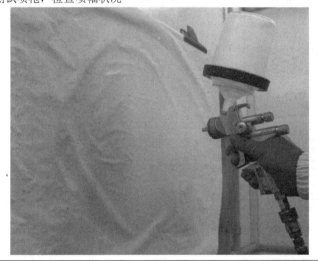	（1）当喷涂各参数调整好后，便可测试喷枪。通过测试喷枪观察喷枪调整是否正常，并判断涂料的雾化效果是否达到最佳状态。 　（2）若喷幅未达到最佳状态，则需要继续调节喷涂气压、出漆量、扇面等参数
整板喷涂第一层清漆（中湿层） 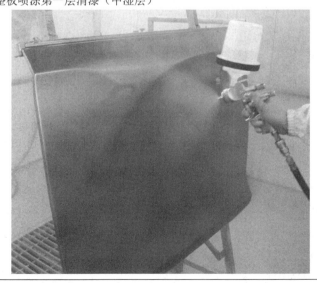	（1）喷涂两个单层（中湿层+全湿层），喷涂第一层清漆时不需要喷涂板件边角，以 50%～70% 的重叠幅度为准，喷涂距离为 10～15cm。 　（2）中湿层喷涂后，表面应有湿润感（可通过观察喷漆房内照明灯的倒影进行判断，能看见比较清晰的灯管影子即可）。如果喷涂过厚，则会增加闪干时间，易产生流挂等现象。也不能喷涂过薄，过薄会使涂层显得过干，流平性、光泽度、清晰度较差

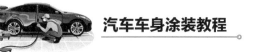

续表

作业内容及图示	技术规范及要求
整板喷涂第二层清漆（全湿层） 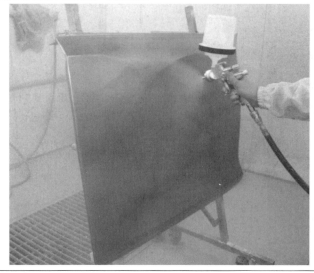	（1）在喷涂第二层清漆前，在板件边角或架上进行指触测试，必须留有足够的闪干时间，根据环境温度的不同，一般需要5～10min。若闪干时间不足，则容易产生流挂现象。 （2）第二层清漆必须以3/4重叠全湿喷涂一层。使整个工件的边缘及正面的涂膜具有良好的光泽和丰满度。若喷涂湿度不足，则表面流平性会变差，导致漆面产生严重橘皮。喷涂后整个工件表面应比上一层清漆更湿润，能清晰地看见灯管影子，注意不要喷涂过厚产生流挂现象
检查整板喷涂后效果 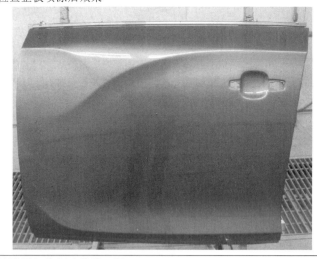	（1）闪干5min后，烘烤面漆。 （2）涂膜厚度均匀丰满，纹理平整光滑，颜色一致，光泽度高、无流痕、无明显缺陷
清漆局部修复喷涂第一层 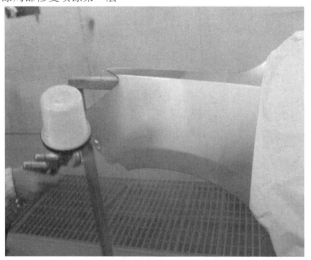	按照从小到大的原则喷涂修复区域，清漆第一层中湿喷涂于底色漆区域，需要3～5min的闪干时间

续表

作业内容及图示	技术规范及要求
清漆局部修复喷涂第二层 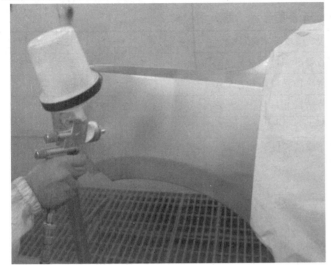	第二层扩大并采用 2/3 或 3/4 开度全湿喷涂
喷涂驳口 	使用纯驳口稀释剂继续向驳口区域喷涂匀化直至合格。为了确保驳口这两次匀化衔接时间短，不会因为间隔时间长造成驳口区域过于干燥而不能很好地连接、匀化，需要另外准备一把喷枪，专门用来喷涂纯驳口稀释剂。为了高效，行业内也有自喷罐式驳口稀释剂，以方便使用，从而节约清洗喷枪的物料及时间
按照 6S 要求进行整理 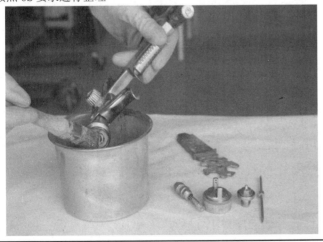	（1）关闭喷漆房设备电源，清洗喷枪，整理喷涂设备和喷涂材料。 （2）将喷枪的枪针、风帽、喷嘴拆卸，用稀释剂彻底清洗，并用气枪吹干。清洗喷枪时，需要穿戴防护用品，包括喷漆服、安全鞋、防护眼镜、防毒面罩、乳胶手套

任务评价

本任务的评分表如表 5-12 所示。

表 5-12　清漆喷涂评分表

序号	项目	分值	技术要求/扣分要点	扣分	得分
1	个人安全防护	10	未按工序规范穿着喷漆服，扣 2.5 分		
			未按工序规范佩戴防护眼镜，扣 2.5 分		
			未按工序规范佩戴防毒面具，扣 2.5 分		
			未按工序规范穿戴手套，扣 2.5 分		
2	喷涂过程	10	在喷涂下一层色漆或清漆前观察漆面（色漆-哑光）或指触（色漆、清漆）以判断闪干。喷涂过程中有打磨、补喷操作，每次扣 5 分，扣完为止		
	清漆流平、均匀度、饱满度表现	30	清漆流平、均匀度、饱满度总体表现： 1 级，不扣分（纹理、流平不抛光即可完美交车）。 2 级，扣 11～20 分（小于 25%面积抛光后完美交车）。 3 级，扣 21～30 分 [行业内专业人员很难接受直接交车，抛光后可交车。大面积（50%～75%）需要抛光，扣 15 分；75%以上需要抛光，扣 20 分]。 4 级，扣 21～30 分 [不可完美交车，抛光后可以接受交车，但抛光易于抛穿（导致重喷）部位有 1～3 处且主要处于边缘]		
	其他漆膜缺陷	45	存在鱼眼、起泡、针孔、印痕（含碰伤）、面漆垂流等需要返工重喷的缺陷，需要整喷清漆返工，扣 45 分；需要修复的清漆面积为 75%～99%，扣 35～45 分；需要修复的清漆面积为 50%～74%，扣 20～34 分；需要修复的清漆面积为 25%～49%，扣 10～19 分；需要修复的清漆面积小于 24%，扣 1～9 分		
3	按照 6S 要求进行整理	5	工具没有放在地面上；使用完毕后，工具、工位未恢复原状；气管未归位。每种错误扣 1 分，扣完为止。出现摔落喷枪、洒漏油漆等严重失误，扣 5 分		
	分数合计	100			

操作时间：30 分钟　　　　　　　　　　　　　　　　　　日期：　　年　　月　　日

拓展练习

一、填空题

1. _____为底色漆提供光泽和保护层。

2. 清漆层的厚度一般为_____μm，分为自干型和烘干型。

3. 在工艺上清漆与底色漆是不可分的，一般先喷_____，再喷_____。

4. 目前原厂采用的清漆材料主要为高温固化的_____。

5. 修复漆常用的清漆材料主要为自然固化的_____丙烯酸酯类。

二、判断题

1. 整车喷涂喷枪的操作要求：垂直于车身表面，均匀移动。　　　　　　（　　　）

2．在面漆抛光时，要尽可能少地磨掉清漆，尽可能多地抛掉微小的缺陷。（　　）

3．在正常两层喷涂清漆时为了节约施工时间，层间无须闪干时间。（　　）

4．清漆是一种无色透明液体，不含任何颜料。（　　）

5．清漆一般拥有减少紫外线照射的功能，只要清漆层完好无损，就可有效延缓色漆的老化。（　　）

三、选择题

1．清漆中的主要配料是（　　）。

A．颜料　　　　　　B．树脂　　　　　　C．稀释剂

2．为增强清漆的抗石击性，应（　　）。

A．选择产品　　　　　　　　　　B．底色漆加 5%～10%固化剂

C．加柔软剂　　　　　　　　　　D．厚喷

3．定温至 60℃，烘干 20min，出烤房冷却后即可进行抛光的清漆是（　　）。

A．超固化清漆　　B．快干清漆　　　C．速干清漆　　　D．高硬度清漆

4．在进行清漆涂料的喷涂实验时，喷涂距离以（　　）cm 为宜。

A．20～25　　　　B．10～15　　　　C．15～20

5．喷涂清漆时最好不用（　　）进行遮蔽。

A．牛皮纸　　　　B．塑料膜　　　　C．报纸　　　　　D．专用遮蔽纸

项目6

漆面缺陷处理与抛光

📖 项目描述

　　漆面抛光是汽车漆面修复中常做的一个环节，漆面抛光可以有效地还原汽车漆面，恢复镜面效果，保持漆面光泽亮丽滋润。车身漆面因长期与空气、紫外线、氧化物、酸雨等直接接触而受到侵蚀，具体表现为车身漆面产生交通膜与静电层，使漆面失去光泽，变得暗淡，如果不及时将其去除，势必使车身漆面的油分过度损失，漆面亮度和光泽大大降低，从而使漆面产生发白现象，甚至产生裂纹、老化，不仅影响汽车的美观，还会诱发锈蚀和损伤。抛光可以有效消除漆面上的氧化层，阻止失光漆面继续恶化，恢复汽车漆面的亮度和光泽，保持外观亮丽动感，延长漆面的使用寿命。同时，修复漆抛光可以有效弥补汽车漆面局部修复后的色差，修复新旧漆层接口处的平缓过渡及缺陷（如橘皮、尘点颗粒、轻微流挂等）。很多情况下，漆面缺陷往往都是局部的、微小的，因此在修复时只做局部处理。为了消除这些不良问题，可以通过技师进行漆面接口抛光处理，实现局部修复漆接口的美观，恢复漆面的缺陷，达到喷涂作业的技术要求。

　　本项目设计了2个任务，分别为漆面缺陷处理、漆面抛光，整个工作流程操作完毕后按6S要求整理施工现场，互相学习和交流相关专业知识技能方法，做到熟练掌握，灵活运用。

❓ 思考与成长

　　工匠精神是社会文明进步的重要尺度、是中国制造前行的精神源泉、是企业竞争

发展的品牌资本、是员工个人成长的道德指引。工匠们喜欢不断雕琢自己的产品，不断改善自己的工艺，享受着产品在双手中升华的过程。工匠们对细节有很高要求，追求完美和极致，对精品有着执着的坚持和追求，把品质从0提高到1，其利虽微，却长久造福于世。

 任务1 漆面缺陷处理

知识目标

1. 能描述汽车漆面缺陷的种类。
2. 能描述漆面打磨材料及用途。
3. 掌握漆面可处理缺陷的解决方法。

 技能目标

1. 能正确对漆面缺陷进行评估。
2. 能正确选用砂纸对漆面缺陷进行打磨。

 案　例

一辆汽车在生产过程中由于设备出现问题，漆膜干燥后出现了缺陷，经技师判定需要对汽车漆面进行离线处理，主要处理漆面的橘皮、尘点颗粒及流挂等缺陷，在抛光恢复前对漆面进行遮蔽及打磨处理。现请你根据工艺流程完成汽车漆面缺陷处理工作。

相关知识

一、可处理漆面缺陷的解决方法

在涂装修复过程中，由于施工材料、工艺、设备选择不当，或者作业环境不能满足要求，导致涂膜产生缺陷。因此，需要掌握每种缺陷的形状及原因，才能采取恰当的方法做好预防工作，避免在涂装修复过程中出现缺陷导致返工。对于已经出现的缺陷，需要掌握合理的修复方法，以保证合格的完工质量，常见可处理的漆面缺陷有以下几种。

1. 橘皮

迎着光线观察板件的涂膜表面，包括各种原厂漆、修复漆，均可看到涂膜表面有直径

为1～3mm的不同纹理，这种类似橘子皮表面的纹理俗称橘皮，如图6-1所示。

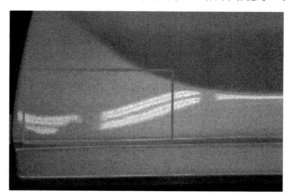

图6-1　橘皮

产生橘皮的原因：底材未打磨平整；涂料黏度高；涂膜过薄；喷涂速度过快，喷涂距离过远；喷涂气压过低；出漆量调节过低。

预防措施：按工艺要求将底材打磨至完全平滑；根据涂料产品说明书将涂料调配到合适黏度；喷涂合适层数，保证涂膜达到所需厚度；降低喷涂速度，缩小喷涂距离；根据产品说明书调节气压；根据工艺要求调节出漆量。

常见解决方法：打磨、抛光；当橘皮非常严重且涂膜较薄，抛光会抛穿涂膜时，先打磨去除橘皮，再重新喷涂。

2.尘点颗粒

在涂装修复过程中，尘点颗粒是一种非常常见的缺陷，如图6-2所示。

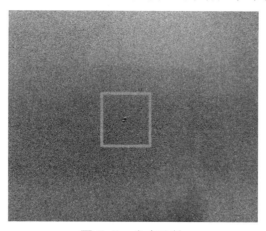

图6-2　尘点颗粒

产生尘点颗粒的原因如下。

（1）操作人员衣物上可能存在灰尘（如打磨产生的粉尘等）或纤维，故需要在喷涂面漆时更换专门的喷漆服。

（2）涂料中可能存在颜料沉淀形成的颗粒，调漆杯中也可能存在杂质，故需要先对涂料过滤后再加入喷枪喷涂。

（3）烤漆房维护不好，一级滤棉或二级滤棉失效，喷涂时烤漆房进风中含有灰尘。

（4）汽车或工件进入烤漆房前应该彻底清洁，否则易产生尘点颗粒，同时污染烤漆房过滤，增加抛光成本及烤漆房滤棉更换成本。

（5）使用报纸贴护或重复使用车衣做贴护。

（6）涂膜表面未干燥至不粘尘就移至烤漆房外。

常见解决方法：涂膜表面的小尘点颗粒可以用砂纸打磨去除后进行抛光。如果尘点颗粒较大，深入涂膜内较多，或者尘点颗粒位于底色漆表面，只能打磨涂膜至尘点颗粒被完全去除后，重新喷涂。

3. 流挂

涂料喷涂于工件表面后，部分湿膜的表面向下流坠，形成上部变薄，下部变厚的缺陷，称为流挂。流挂的形态多种多样，有的喷枪出漆量调节过大，呈帘幕状，有的呈条纹状、水柱状或纹状，如图 6-3 所示。

图 6-3 流挂

产生流挂的常见原因：被涂工件温度过低；施工环境温度过低；喷涂距离过小；走枪速度过慢；涂料黏度过低；喷涂过厚；层间闪干时间过短。

预防措施：不要向在低温环境中放置过久的工件上直接喷涂，喷涂前可以将其在烤漆房中升温，等工件温度升高后再喷涂；烤漆房升温至 25℃喷涂或使用适用于喷涂环境温度的稀释剂；减少喷枪出漆量；增加喷涂距离；增加走枪速度；根据涂料厂商产品说明书将涂料调配到合适黏度；按照涂料标准工艺要求，喷涂合适层数，保证涂膜厚度合适；层间给予充分的闪干时间。

常见解决方法：当产生流挂时，对于轻微、局部的清漆流挂，打磨消除流挂后进行抛光即可恢复涂膜的光泽和良好的外观效果。如果流挂比较严重，或者是发生在中涂底漆、底色漆上（最后在清漆层上显现出来），就必须彻底打磨掉流挂，重新喷涂面漆。

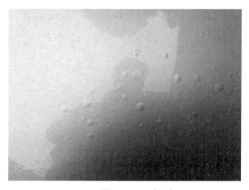

图 6-4　起泡

4．起泡

如果涂膜下面存在水分，当温度升高时，水分蒸发产生的水汽就会顶起涂膜导致起泡，如图 6-4 所示。

产生起泡的原因：水磨原子灰，原子灰吸收水分；喷涂前表面有水分、污渍、手印；喷涂环境湿度较高，且涂膜喷涂完成后放置自然干燥，导致湿气深入涂膜。

二、常用打磨材料

1．水磨砂纸

水磨砂纸是汽车修理厂最常用的砂纸之一，其规格约为 23cm×28cm。由于打磨部位的形状、大小各不相同，要求将砂纸裁成适合打磨需要的尺寸。水磨砂纸使用时应先浸水，使砂纸完全浸湿，可防止手工打磨因折叠而引起的脆裂，特别是冬天气温低时，要用温水浸泡，以防砂纸脆裂，如图 6-5 所示。

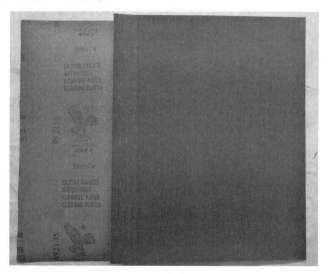

图 6-5　水磨砂纸

2．机磨砂纸

机磨砂纸为魔术扣设计，能紧扣打磨机的托盘，可重复使用，装卸方便灵活，省时省力。机磨砂纸由特殊底材和磨料制成，打磨速度快而平整，用特殊树脂黏合，耐磨性良好。抛光前采用机磨时，要用较细的砂纸，如 P1000、P2000、P4000 砂纸打磨缺陷，如图 6-6 所示。

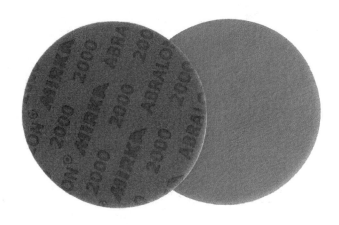

图 6-6　机磨砂纸

三、缺陷打磨时的注意事项

（1）打磨漆面缺陷时应选用合适的砂纸，避免残留砂纸痕。

（2）漆面打磨应采用水磨，尽量不用干磨。

 技能训练

一、所需的工具及材料

本项目所需的工具及材料如表 6-1 所示。

表 6-1　所需的工具及材料

类型	名称	规格/型号	图示
防护用品	防尘口罩	N95	
	手套	乳胶	
	防护眼镜	—	

续表

类型	名称	规格/型号	图示
工具、材料	打磨机	3 号	
	机磨砂纸	P1000、P2000、P4000	
	水磨砂纸	P1500、P2000	
	打磨板	加厚	
	喷壶	中号	

二、操作方法及步骤

本任务的操作方法及步骤如表 6-2 所示。

表 6-2　操作方法及步骤

作业内容及图示	技术规范及要求
正确选用防护用品 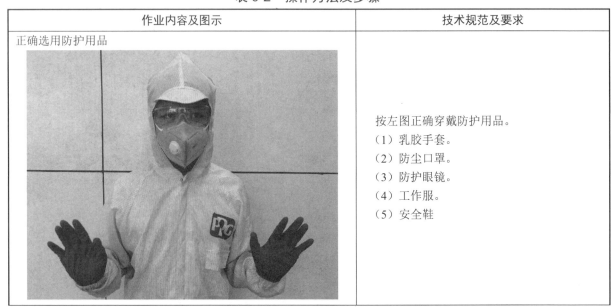	按左图正确穿戴防护用品。 （1）乳胶手套。 （2）防尘口罩。 （3）防护眼镜。 （4）工作服。 （5）安全鞋

续表

作业内容及图示	技术规范及要求
喷湿缺陷部位 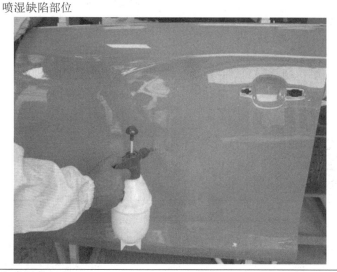	（1）用喷壶喷湿需要打磨的部位。可以用水桶，但水桶比较容易受到污染，使砂纸沾染粗的打磨粉尘和小沙粒。 （2）如果是整车喷湿，而不是单独的板件，则需要进行遮蔽
打磨缺陷部位 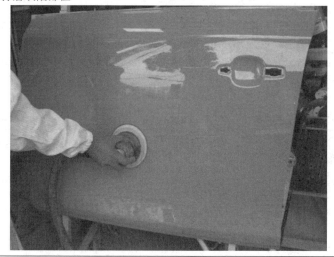	（1）使用偏心距小于 3mm 的双动作打磨机配合 P1000 砂纸打磨缺陷部位。 （2）更换 P2000、P4000 砂纸依次打磨缺陷部位。 （3）也可以先用海绵打磨垫配合 P1500 砂纸打磨缺陷部位，再用 P2000 砂纸进行打磨。对于小缺陷，利用打磨机配合 P2000 砂纸进行打磨，可以提高工作效率
清洁及检查 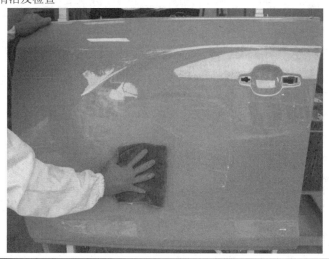	（1）用干净毛巾擦干净表面，观察打磨表面是否平整光滑。 （2）检查漆面打磨的纹理是否平滑，缺陷是否去除。若打磨不到位，则继续进行打磨，保证漆面的平整光滑。直到消除橘皮、尘点颗粒、划痕等缺陷

续表

作业内容及图示	技术规范及要求
按照 6S 要求进行整理 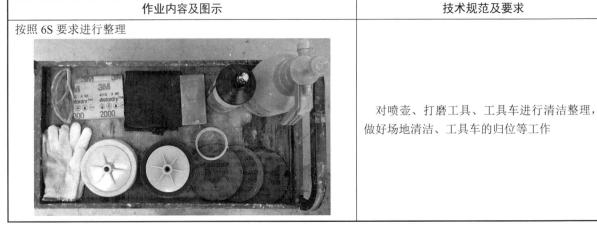	对喷壶、打磨工具、工具车进行清洁整理，做好场地清洁、工具车的归位等工作

 任务评价

本任务的评分表如表 6-3 所示。

表 6-3　漆面缺陷处理评分表

序号	项目	分值	技术要求/扣分要点	扣分	得分
1	个人安全防护	10	未按工序规范穿着工作服，扣 2.5 分		
			未按工序规范穿戴安全鞋，扣 2.5 分		
			未按工序规范佩戴防护眼镜，扣 2.5 分		
			未按工序规范穿戴手套，扣 2.5 分		
2	缺陷打磨	80	① 打磨砂纸规格或类型用错，扣 20 分。 ② 漆面缺陷打磨方法不正确，扣 20 分；砂纸使用顺序错误，每次扣 10 分。 ③ 缺陷四周区间打磨超过 5cm 为一处，每处扣 5 分。 ④ 清漆磨穿，扣 80 分		
3	按照 6S 要求进行整理	10	工作环境未清洁，设备工具未归位，扣 10 分		
分数合计		100			

操作时间：20 分钟　　　　　　　　　　　　　　　　　　日期：　　年　　月　　日

拓展练习

一、判断题

1. 对于不同的抛光位置，应注意力度，切莫将油漆磨穿。　　　　　　　　　（　　）

2. 打磨时应使打磨垫块尽量平行于漆面涂膜。　　　　　　　　　　　　　（　　）

3. 漆面原子灰印缺陷可以通过后期抛光处理恢复。　　　　　　　　　　　（　　）

4. 漆面橘皮缺陷可以通过后期抛光处理恢复。　　　　　　　　　　　　　（　　）

5. 抛光时，应该注意角度和自我保护的技巧，不要让残蜡飞到脸上尤其是眼睛里，要使其落向地板。　　　　　　　　　　　　　　　　　　　　　　　　　　（　　）

6. 对于漆面上产生的流挂缺陷，可直接用抛光机进行抛光消除。 （　　）

7. 对于漆面上产生的鱼眼缺陷，可直接用抛光机进行抛光消除。 （　　）

8. 抛光中可长时间在某一处原地研磨，这样可以快速消除划痕。 （　　）

二、选择题

1. 符合环保和汽车行业标准的研磨方式是（　　）。

A. 手工水磨　　　B. 手工干磨　　　C. 集尘干磨　　　D. 气动工具水磨

2. 手工水磨可能产生的主要喷涂缺陷是（　　）。

A. 失光　　　　　　　　　　B. 砂纸痕透现

C. 痱子和漆膜脱落　　　　　D. 针孔过多

3. 研磨漆面较大疵点的方法是依次用 P1200、P1500、P2000 砂纸（　　）研磨。

A. 旋转　　　　　B. 往复　　　　　C. 干式　　　　　D. 交叉

4. 修复喷涂产生原子灰下陷的主要原因是（　　）。

A. 原子灰不良　　B. 底漆不良　　　C. 面漆不良　　　D. 干燥不彻底

5. 修复喷涂产生砂纸痕透现的主要原因是（　　）。

A. 砂纸运用不合理　　　　　B. 底漆不良

C. 面漆不良　　　　　　　　D. 原子灰不良

6. 修复喷漆时，面漆抛不出高光泽或抛光效率低的主要原因是（　　）。

A. 砂纸不良　　　B. 研磨剂不良　　C. 面漆没干透　　D. 抛光盘不良

7. 漆面龟裂的处理方法是（　　）。

A. 双组份底漆隔离　　　　　B. 去除旧漆

C. 红灰隔离　　　　　　　　D. 原子灰隔离

8. 漆面上产生痱子缺陷的处理方法是（　　）。

A. 双组份底漆隔离　　　　　B. 去除旧漆

C. 红灰隔离　　　　　　　　D. 原子灰隔离

9. 产生橘皮的原因是（　　）。

A. 喷涂油漆膜厚太厚　　　　B. 喷涂距离太近，走枪速度太慢

C. 层间的流平时间不足　　　D. 油漆黏度太低

10. 以下不是产生漆面起皮的原因是（　　）。

A. 下层表面受到蜡、油脂、脱模剂或水等的污染

B. 相邻两层油漆之间结合紧密

C. 基材表面结合力不好

D. 底漆漆膜太薄或没喷底漆

任务 2　漆面抛光

知识目标

1. 掌握漆面涂膜的评估方法。
2. 能描述漆面抛光的原理及作用。
3. 掌握抛光剂的选用原则。
4. 掌握漆面抛光的方法与工艺流程。

技能目标

1. 能正确评估漆面缺陷。
2. 能正确对缺陷进行打磨处理。
3. 能熟练使用抛光机对漆面缺陷进行抛光。

案　例

一辆汽车在喷涂过程中局部出现橘皮、尘点颗粒、轻微流挂等常见的缺陷，影响涂膜的质量和美观，经技师评估判定，需要对漆面缺陷进行打磨、抛光处理。现请你完成漆面抛光工作。

相关知识

一、漆面涂膜的评估方法

汽车在喷漆车间完成涂装施工后，汽车制造厂可以采用检测仪器和各种特殊设备来检测漆膜。作为涂装作业人员，往往还需要人工检验，观察涂膜外观效果及漆面缺陷。常见的涂膜外观效果评估有以下几方面。

1. 光泽度（亮度）

涂膜的光泽度是涂膜表面受光照射时光线向一定方向反射的能力，又称镜面光泽度，一般可在侧面观察。对于涂装修复后的汽车，可以很直观地在侧面目测观察前后板块（如前车门和后车门）的光泽度是否饱满、一致。

2. 鲜映性

鲜映性反映的是光泽度、橘皮和雾影的综合效果，是与涂膜的平滑性和光泽度依存的

一种特性，是涂膜外观装饰性能中的一个重要性能。鲜映性不良的一般表现为涂膜表面影像（如人脸、手表指针等）不清晰。鲜映性的好坏可通过直观目测对比涂装修复后汽车的相邻板块（如前车门和后车门）的成像清晰度进行评估。

3. 纹理

纹理一般称为橘纹，是指涂膜表面有类似橘皮状纹理。通常是喷涂技术不良、喷涂距离太远或太近、涂层喷得过厚或过薄造成的。原装涂膜和修复涂膜都或多或少地存在橘纹，对于涂装修复后的汽车，可以很直观地通过目测检查前后板块（如前车门和后车门）的橘纹是否一致进行评估。在漆面上找到反射光源（可以使用双管荧光灯或太阳灯），观察对比反射光的清晰度，流平性较差时，荧光灯管的影像看起来比较模糊，荧光灯的边界线有较大程度的扭曲；流平性较好时，荧光灯的影像看起来比较清晰，荧光灯的边界线较平直，橘皮不太明显。

4. 平整度线条

对于经过原子灰、中涂底漆喷涂后的漆面，应检查其表面平整度，以及板件上原有的线条是否恢复原状，是否保持原有的弧度或线型。通过目测检查，从工件侧面借助光线观察板件表面最为有效。

5. 其他缺陷

在明亮的光源下进行目测检查时，其他缺陷从正面及第一个角度可以非常明显地看出来，如砂纸痕、原子灰印、尘点颗粒、流挂、露底、咬底、起花、鱼眼等。简单来讲，好的涂膜外观的表现就是恢复原状，没有修复痕迹，没有缺陷。

二、漆面抛光的作用

漆面抛光是在抛光盘、抛光剂和漆面三者之间进行的，抛光盘高速旋转、摩擦会产生热量，同时产生静电，热量促使漆膜变软、漆面毛细孔扩张，在静电的作用下，孔内的脏污被吸出。抛光盘与抛光剂一同将漆面的氧化层磨掉，并将细微划痕拉平填满。同时，抛光剂中的一些成分溶于漆面并发生还原反应，使得漆面清洁如新、光滑亮丽。

漆面抛光的主要作用有去除漆面氧化层，去除漆面细小划痕和蚀点，恢复漆面原始光泽度、亮度、光滑度。

三、抛光工具

1. 抛光机

抛光机根据动力来源可分为电动式抛光机（见图6-7）和气动式抛光机（见图6-8）两

种。电动式抛光机的优点是不会受到压缩空气不足或没有气源的影响。气动式抛光机则相对较轻且使用寿命更长，使用压缩空气作为动力，比使用电源作为动力相对更安全。

图 6-7　电动式抛光机

图 6-8　气动式抛光机

抛光机根据旋转方式可分为单动作抛光机和双动作抛光机两种。双动作抛光机的切削力较小，研磨力度小，切削、抛光效率比单动作抛光机低，但抛光效果更为平滑。

2．抛光轮

抛光轮按照材料的不同可分为两种：一种是羊毛轮，研磨力强，一般用于粗抛光，如图 6-9 所示；另一种是海绵轮，研磨力较弱，一般用于细抛光。海绵轮一般分为 3 种颜色：红色，一般做粗抛光；黄色，一般做细抛光；黑色，一般做精细抛光，如图 6-10 所示。

图 6-9　羊毛轮

图 6-10　海绵轮

四、抛光剂的选用

抛光剂使用时要考虑工具、转速、抛光技术、抛光机、漆面等因素，这些因素之间有着非常大的关联性，对于不同的漆面状况，要有对应的抛光剂、抛光盘和抛光技术的变化。因此，选用抛光剂时要综合考虑上述因素。

1．抛光剂与转速的关系

研磨颗粒为硅藻土的抛光剂，转速为 800～1000r/min；研磨颗粒为氧化铝的抛光剂，转速为 1000～1200r/min；研磨颗粒为混合型的抛光剂，转速为 1500～2000r/min；研磨颗粒为二氧化铈的抛光剂，转速为 4500r/min 左右。

2．抛光剂与抛光技术的关系

研磨颗粒为硅藻土的抛光剂，抛光技术应为重抛；研磨颗粒为氧化铝的抛光剂，抛光技术应为轻抛；研磨颗粒为混合型的抛光剂，抛光技术应为浮抛；研磨颗粒为二氧化铈的抛光剂，抛光技术应为斜抛。

3．抛光剂与研磨时间的关系

抛光剂的切削力会随研磨时间的变化而变化，其变化曲线如图 6-11 所示。

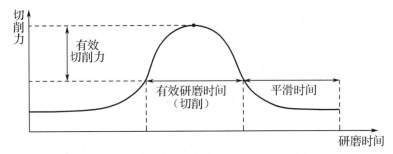

图 6-11 抛光剂的切削力随研磨时间变化的曲线

4．抛光剂与抛光盘的关系

应结合漆面状况，正确协调抛光剂和抛光盘的关系，如图 6-12 所示。

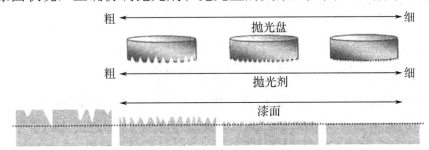

图 6-12 抛光剂与抛光盘的关系

五、抛光技术

1．平抛

平抛时，抛光盘与漆面呈完全贴合状态，目的是防止机器在高速运转过程中因受力点不均而损伤车漆，适用于平面部位和还原情况下的抛光。

2．斜抛

斜抛时，抛光盘一端翘起，与漆面形成一定的角度，目的是增强切削力，提高抛光速度。斜抛适用于弧度部位、原车漆或漆面上有杂物的情况。斜抛的危险性高，同时对技术要求较高。

3．点抛

点抛时，抛光盘与漆面通过点接触，是一种能够适当降低转速的抛光技术。点抛用于

边、角棱、筋处及车标、门把手等复杂危险的部位。另外，还可以用来配合斜抛和重抛去除深度划痕。

4．重抛

重抛使用的下压力较大（约为5kg），转速为1200～1500r/min，移动速度慢，多用于去除深划痕。

5．轻抛

轻抛是指在抛光机快送慢拉的过程中均轻微用力，避免损伤车漆。轻抛一般用于前后保险杠、防擦条等塑料件上漆面的抛光。

6．浮抛

浮抛在抛光过程中完全没有下压力，抛光机反复快速移动，一般在还原、收油时使用。

7．慢抛

慢抛时，抛光机的移动速度缓慢，施力均匀，便于进一步处理划痕，在车况较差时应用。

六、漆面抛光时的注意事项

（1）控制好抛光机的速度，不可以超过规定的转速范围。

（2）抛光剂应涂在待抛工件表面，不可涂在抛光盘上。

（3）抛光剂涂抹面积要适当，既要便于操作，又要避免干燥过快。

（4）抛光时要有一定的方向次序，不可乱抛，特别是曲面或曲线时，一定要适应车身的外形直线抛光，不可画圆圈。

（5）抛光时及时洒水，最好是雾状喷洒。

（6）在抛光时宁可轻抛不可重抛，宁可慢抛不可快抛，千万不能抛露漆面，一般欧美汽车的面漆较厚，而日本、韩国及中国汽车的面漆较薄。

（7）更换抛光剂时，应及时更换抛光盘，不可混用。

（8）严禁使用羊毛轮进行镜面处理。

 技能训练

一、所需的工具及材料

本项目所需的工具及材料如表6-4所示。

表 6-4　所需的工具及材料

类型	名称	规格/型号	图示
防护用品	防尘口罩	N95	
	手套	棉纱	
		乳胶	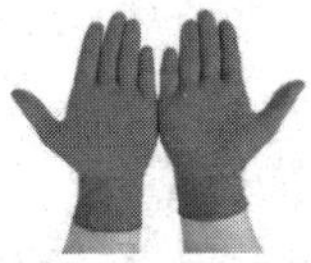
	防护眼镜	—	
工具、材料	抛光机	卧式	
	海绵轮	粗、细、精细型	
	抛光蜡	—	
	喷壶	中号	

二、操作方法及步骤

本任务的操作方法及步骤如表 6-5 所示。

表 6-5　操作方法及步骤

作业内容及图示	技术规范及要求
正确穿戴防护用品 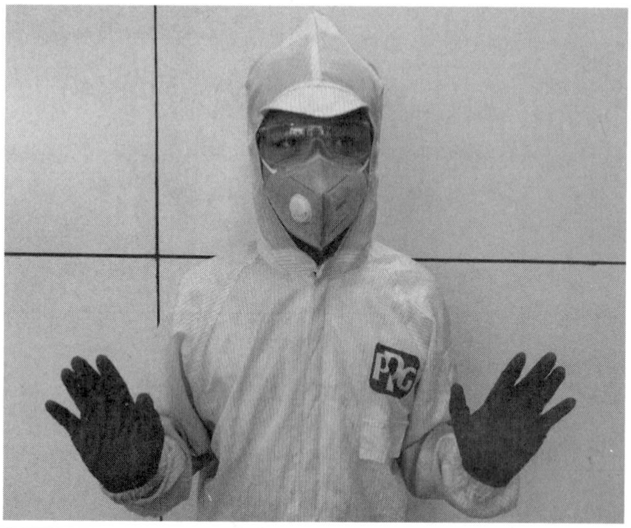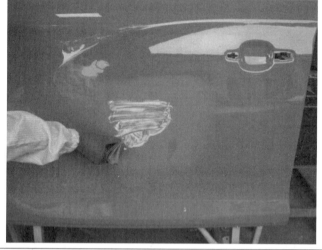	按左图正确穿戴防护用品。 （1）乳胶手套。 （2）防尘口罩。 （3）防护眼镜。 （4）工作服。 （5）安全鞋
涂抹抛光蜡 	用海绵或擦拭布将抛光蜡均匀涂抹于打磨部位
漆面缺陷处抛光	（1）利用抛光机配合粗抛光海绵轮，选用漆面抛光粗/中蜡来研磨局部漆面，抛光机转速控制在1200～1500r/min。 （2）直至消除粗蜡留下的条纹，否则，继续进行涂蜡抛光

续表

作业内容及图示	技术规范及要求
漆面镜面还原抛光 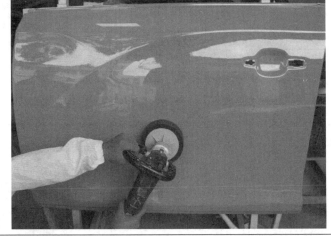	（1）利用抛光机配合细抛光海绵轮，选用漆面抛光细蜡来研磨局部漆面，抛光机转速控制在1800～2000r/min。 （2）直至消除抛光留下的太阳纹，否则，继续进行涂蜡抛光
抛光效果检查 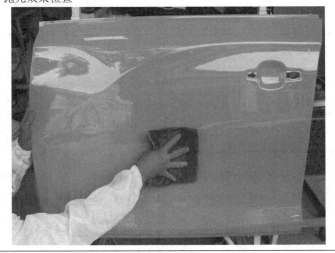	（1）抛光作业完成后，清除残留的抛光蜡。 （2）检查漆面的纹理是否平滑，整板镜面效果是否达标，直至漆面光滑如镜
按照6S要求进行整理 	对喷壶、打磨工具、工具车进行清洁整理，做好场地清洁、工具车的归位等工作

任务评价

本任务的评分表如表6-6所示。

表 6-6　漆面抛光评分表

序号	项目	分值	技术要求/扣分要点	扣分	得分
1	个人安全防护	10	未按工序规范穿着工作服，扣 2.5 分		
			未按工序规范穿戴安全鞋，扣 2.5 分		
			未按工序规范佩戴防护眼镜，扣 2.5 分		
			未按工序规范穿戴手套，扣 2.5 分		
2	抛光机使用	20	① 抛光蜡及抛光盘选用不正确，每次扣 5 分。 ② 抛光机使用不熟练，扣 5 分。 ③ 抛光机转速及使用方法不正确，扣 5 分。 ④ 抛光机走速、重叠量不正确，扣 5 分		
	漆面抛光效果	60	① 抛光不彻底，有明显太阳纹、砂纸痕、镜面亮度不均等，扣 10 分。 ② 橘皮、尘点颗粒、流挂及划痕未处理完，每处扣 10 分。 ③ 清漆抛穿，扣 60 分		
3	按照 6S 要求进行整理	10	工作环境未清洁，设备工具未归位，扣 10 分		
分数合计		100			

操作时间：20 分钟　　　　　　　　　　　　　　　　　日期：　　年　　月　　日

 拓展练习

一、判断题

1. 对于不同的抛光位置，应注意力度，切莫将油漆磨穿。　　　　　　　　　　（　　）

2. 汽车的转角处和棱角抛光时轻轻带过，这些地方最容易露底。　　　　　　（　　）

3. 使用大块毛巾遮蔽前挡玻璃，抛光时蜡会粘在雨刮器上很难清理。　　　　（　　）

4. 抛光时，应该注意角度和自我保护的技巧，不要让残蜡飞到脸上尤其是眼睛里，要使其落向地板。　　　　　　　　　　　　　　　　　　　　　　　　　　　　（　　）

5. 对于极浅的划痕，可直接用抛光机进行抛光消除。　　　　　　　　　　　（　　）

6. 对于较深的划痕，先采用 P800 砂纸进行研磨，然后抛光，即可恢复原状。

（　　）

7. 漆面划痕已基本消除，对于抛光作业中残留的一些发丝划痕和旋印，可以通过漆面还原进行处理。　　　　　　　　　　　　　　　　　　　　　　　　　　　　（　　）

8. 抛光中可长时间在某一处原地研磨，这样可以快速消除划痕。　　　　　　（　　）

9. 抛光剂按摩擦材料颗粒或功效的大小分为微抛、中抛和深抛三种。　　　　（　　）

二、选择题

1. 汽车镜面还原抛光时，宜采用（　　　　）。

A. 羊毛轮　　　　B. 红色海绵轮　　　　C. 黄色海绵轮　　　　D. 黑色海绵轮

2. 漆面橘皮一般先用（　　　　）砂纸进行打磨。

A．P100   B．P800   C．P1500   D．P3000

3．漆面划痕中蜡抛光处理时，抛光机转速控制在（   ）r/min 为宜。

A．1000   B．1500   C．2000   D．2500

4．下列漆面缺陷可以通过后期处理恢复的是（   ）。

A．咬底   B．轻微流挂   C．渗色   D．原子灰印

5．下列原因与流挂的产生无关的是（   ）。

A．气压过高   B．气压过低   C．稀释剂过多   D．喷涂距离过近

参考文献

［1］中国汽车维修行业协会. 车身涂装[M]. 2 版. 北京：人民交通出版社，2014.

［2］林旭祥，张小鹏. 车身涂装指南[M]. 北京：人民交通出版社，2016.

［3］交通运输部职业资格中心. 汽车车身涂装修复工职业技能鉴定教材[M]. 北京：人民交通出版社，2017.

［4］华德余. 汽车涂漆维修[M]. 北京：中国铁道出版社，2019.